VOYAGE

DANS

LES ÉTATS BARBARESQUES

DE MAROC,

ALGER, TUNIS

ET TRIPOLY;

OU LETTRES

D'un des Captifs qui viennent d'être rache-
tés par MM. les Chanoines réguliers
de la Sainte-Trinité;

SUIVIES

D'une Notice sur leur rachat, & du Catalogue
de leurs noms.

Forfan & hæc olim meminiffe juvabit.
Æneid. L. I.

A PARIS,

Chez GUILLOT, Libraire de MONSIEUR, rue
Saint-Jacques, vis-à-vis celle des Mathurins.

M. DCC LXXXV.

AVEC APPROBATION ET PERMISSION.

PRÉFACE.

IL feroit à défirer que nous euffions une hiftoire exacte de la Barbarie, cette contrée qui étoit autrefois une des poffeffions Romaines, & qui conferve encore aujourd'hui quelques précieux reftes de fon ancienne fplendeur : des monumens auguftes, quoique ruinés par les temps & les Barbares, nous font affez voir quelles étoient autrefois en ce pays la gloire & la puiffance des Romains, ces hommes extraordinaires qui avoient l'art de donner une empreinte d'immortalité à tout ce qu'ils touchoient, la vue feule des décombres de la fuperbe Carthage, mérite bien notre attention, elle nous fait éprouver un fentiment douloureux qui nous avertit que bientôt les Empires les plus floriffants, feront cachés fous l'herbe, telle que cette fameufe Cité, qui vit brifer fous fes remparts les forces réunies de tout le Latium.

L'homme Philofophe qui s'étudie à fcruter & à connoître les mœurs des différents peuples de l'Univers, pour en tirer des conféquences utiles à l'humanité, gémira fans doute ici avec moi, de ce que des difficultés prefque infurmontables nous empêchent de voyager en obfervateurs, dans ces régions barbares dont nous n'avons que d'infideles rélations. Les découvertes qu'on y feroit ne pourroient qu'être très-intéreffantes: en même-temps qu'elles amuferoient l'honnête homme, elles lui fourniroient une fource inépuifable de réflexions utiles. Mais, helas! tout contribue à nous éloigner des ces contrées; les voyageurs, ceux mêmes qui font les plus animées du défir fi naturel & fi louable de connoître, font forcés de s'arrêter à la vue de ces pays, & de s'en interdire l'entrée; ils y ont partout à craindre, & la rencontre des bêtes féroces, & les irruptions des Arabes vagabonds qui leur raviroient leur liberté, ce don célefte fans lequel il n'eft point de douceurs dans la vie : ces inconvéniens & bien d'autres encore, font que faute d'avoir vu , la plupart de ceux qui nous ont parlé de la Barbarie, ont fouvent facrifié la verité à leurs propres intérêts, où ont été puifer dans des auteurs apocryphes , dont les ouvrages font remplis d'erreurs & de menfonges.

J'aurois cru faire un vol au public, fi je ne m'étois empreffé de lui procurer ces lettres que j'avois fous ma main, & qui, peut-être, pourront fatisfaire en partie ſa louable curioſité , la gêne & la contrainte qu'éprouvoit l'auteur en les écrivant , ſont cauſe que l'on y trouve peu d'ordre dans les détails , & beaucoup de négligence dans le ſtyle ; cependant j'aime à me perſuader qu'elles ſeront très-bien accueillies ; les circonſtances qui leur ont donné lieu m'en promettent le ſuccès. Elles ne pourront qu'intéreſſer les ames ſenſibles , en leur apprenant les malheurs d'un jeune & brave militaire , qui , par zele pour défendre la liberté opprimée , préféra les horreurs des combats à toutes les douceurs que lui promettoient l'hymen & l'amour ; elles ſatisferont

encore le philofophe en lui faifant connoître un pays dont les
particularités fouvent fingulieres
& bizarres, ont droit de piquer
fa curiofité.

VOYAGE

DANS

LES ÉTATS BARBARESQUES

DE MAROC, ALGER,

TUNIS ET TRIPOLY;

OU LETTRES

D'un des Captifs qui viennent d'être rachetés par MM. les Chanoines Réguliers de la Sainte-Trinité.

PREMIERE LETTRE.

Salé, ce 21 Juin 1782.

MONSIEUR,

Lorſque de votre conſentement, l'amour & l'hymen alloient me conduire aux Autels; lorſque je retat:

A v

dai ce moment si désiré pour obéir à la voix de l'honneur qui m'appelloit au camp de Saint-Rock, qui auroit pu penser que j'allois éprouver tout ce que les destins avoient de plus rigoureux ? Un semblable début va sans doute jetter la consternation dans votre ame, que dis-je ? Vos larmes sont prêtes à couler.... Ah ! daignez les arrêter, soyez homme, ou sçachez du moins le paroître, je vous en conjure & par l'amitié que vous m'avez témoignée en tant d'occasions, & par l'amour que je vous ai toujours connu pour votre tendre Eugénie. Si, vous abandonnant à une tristesse immodérée, si, pressé par le besoin d'épancher votre cœur dans celui d'une fille chérie, vous cédiez à ses vives sollicitations & lui appreniez ce qu'il m'est arrivé;

ſans avoir auparavant préparé ſon cœur à recevoir cette triſte nouvelle, elle en mourroit de douleur : en effet ſi elle s'évanouit tant de fois le jour que je lui annonçai mon départ pour aller combattre ſous les rochers ſourcilleux de Gibraltar, que deviendroit-elle, ſi elle ſçavoit que je gémis dans un dur eſclavage, plongé dans les ténebres d'un noir cachot, chargé d'indignes fers, ſans eſpoir de pouvoir les rompre un jour pour revoler près d'elle ? Ah ! cette ſeule penſée déchire toute mon ame ! . . . . O vous le plus tendre des peres ! Vous qui deviez voir bientôt mon ſang uni au vôtre ſous les plus heureux auſpices, ménagez, oui, ménagez la ſenſibilité de votre adorable fille ; tachez de lui adoucir cette nouvelle fatale, qui la précipi

teroit au tombeau, Pour moi j'écou-
terai toujours la voix de ma raifon,
elle temperera ma trifteffe & vous
épargnera les larmes ameres que vous
feroient répandre mes plaintes inu-
tiles. Que toutes les calamités viennent fondre fur moi, je demeurerai
toûjours inébranlable, confolez Eugénie, confolez-vous vous-même
& je ferai confolé.

Je vais d'abord me captiver les
cœurs par ma douceur & mon affi-
duité, afin de jouir d'un peu de liberté; je l'employerai à examiner
tout ce qui s'offrira à mes regards,
je vous en donnerai des relations
exactes, & peut-être ma fermeté
adoucira-t-elle un peu les chagrins
que vous caufera mon abfence. Parlez
fouvent de moi à Eugénie, parlez-
lui de mes malheurs; mais pourquoi

vous les cacher plus long-temps ?

Arrivé à Toulon, je m'embarquai le soir même sur un vaisseau Génois, qui alloit partir pour les côtes méridionales de l'Espagne : nous ne tardâmes guère à lever l'ancre ; le vent étant favorable nous hissâmes nos voiles : nous voguions d'une vîtesse extrême. Dès que nous fûmes à la hauteur de Majorque & de Minorque, le vent cessa, ce qui nous obligea à mouiller. Une partie de l'équipage alla se reposer tandis que l'autre s'amusoit sur le tillac : pour moi je me retirai tout pensif dans ma chambre, où j'éprouvai les plus violents combats. L'amour me retenoit d'un côté, l'honneur m'appelloit de l'autre : je me disois : Si je manque à l'honneur, je ne suis plus digne de la main d'Eugénie, &

cependant je me repréfentois fans ceffe les tendres reproches que me faifoit cette fenfible amie lorfque mélant fes larmes aux miennes elle me conjuroit de refter près d'elle, en me faifant entrevoir les dangers auxquels j'allois m'expofer : je croyois la voir, l'entendre, s'entretenir de mon voyage avec fon pere, qui la confoloit avec douceur. Mais, helas! que ces réflexions furent fuivies d'une bien terrible cataftrophe ! Soudain j'entends crier aux armes : déja je fuis fur le pont, les armes à la main, j'exhorte mes compagnons au combat, je les anime, en leur rappellant le fouvenir de leurs peres, de leurs époufes & de leurs enfans qu'ils ne verront plus, s'ils ne remportent la victoire, cette feule penfée en fait autant de héros; pour moi

je porte Eugénie dans mon cœur, &
avec elle je brave tous les dangers,
je m'élance sur le corsaire & renverse
tout ce qui s'oppose à mon passage,
mes compagnons me suivent. Mais
hélas!...Fortune capricieuse!...Le
nombre l'emporte en ce jour sur la
valeur.

Les Barbares ne connoissent point
les égards, le respect, & l'admiration
que mérite un guerrier généreux qui
n'a succombé qu'après avoir combattu
vaillamment. Hélas! je l'ai moi-même
éprouvé en cette rencontre; ces lâches
après nous avoir arraché nos armes,
après nous avoir dépouillés de nos
habits, nous couvrirent de vieux
haillons, & nous chargerent de chaî-
nes. Représentez-vous, Monsieur,
s'il vous est possible, quelles furent
en ce moment la douleur & la honte

d'un brave militaire, dont le bras généreux ne mania jamais que le fabre & l'épée. Les Barbares en vinrent enfin aux rufes accoutumées pour favoir de quelle qualité nous étions ; l'un nous parloit avec douceur, l'autre avec menace, & tous nous traitoient de *Chiens de Chrétiens*, & *d'Hommes fans foi ni loi*, à toutes ces dénominations injurieufes, fucceda une fcene horrible que je ne puis me rappeller fans fentir mon cœur fe brifer. Un d'entre nous n'ayant point fatisfait ceux qui l'interrogeoient, on le fit coucher tout de fon long fur le tillac, & on fit tomber fur lui une grêle de coups, en lui difant, quoi ! *Cane, Perro, Judæo, Traditor*, tu veux donc nous tromper ? Dis-nous la vérité ou c'eft fait de toi: Se peut-il, {grand Dieu ! que des hommestraitentainfileursfemblables?

Après cette exécution, ils firent defcendre une partie de notre équipage dans le fond de calle, &, le piftolet fur la gorge, forcerent l'autre à ramer vers la Barbarie. Comme je paroiffois un des plus forts je fus du nombre de ces derniers. C'eft alors, Monfieur, que mon ame qui jufqu'à ce moment avoit été comme dans l'inertie, reprit fon activité, & que je penfai à vous & à ma chere Eugénie. Je me difois : Ils me croyent fans doute déja à Gibraltar ; ils tremblent pour mes jours, & aiment cependant à fe perfuader que je fois, victorieux des combats : tantôt je croyois voir Eugénie affife près de fon pere s'entretenir avec lui de batailles, de fon amant & laiffer couler des larmes en prononçant ce nom si doux ; tantôt il me sembloit la voir promener seule sous les tilleuls épais, qui avoient été tant de fois les témoins de nos effusions de cœurs & de nos tendres embrasfemens ; tantôt enfin je croyois l'entendre articuler ces douces paroles : « Ah ! que je suis heureuse » d'avoir pour amant un guerrier » brave & généreux , il pardonnera » sans doute volontiers à ceux qui » se rendront d'eux-mêmes, il crain» dra d'enlever le fils à son pere , » l'époux à son épouse , l'amant à » son amante , & ce ne sera qu'en » pleurant qu'il répandra le sang de » ses freres ! Je le reverrai bientôt ; » il reviendra dans sa patrie , comblé » de ses bienfaits & couvert de » gloire , il reviendra , dis-je , ou» blier ses peines & ses fatigues

» au sein de sa famille ». Telles étoient mes pensées, hélas ! Elles ne faisoient que m'attrister davantage.

Cependant la mer n'offroit qu'une surface tranquille, rien ne l'agitoit, mais ce calme étoit trompeur : car nous vîmes bientôt des nuages épais s'amonceler dans le lointain ; le vent qui ne tarda pas à s'élever les poussa vers nous, soudain mille éclairs les déchirerent, le tonnerre éclata & les éléments parurent se confondre. Je vis alors tout ce que peut la superstition sur des esprits grossiers. Ces Barbares craintifs & consternés, eurent aussi-tôt recours aux sacrifices ordinaires en pareilles circonstances : je les vis prendre un mouton qu'ils couperent en deux par le milieu du corps, ils jetterent dans la mer du côté droit de leur vaisseau la partie où fe trouvoit la tête, & l'autre fût jettée du côté oppofé, ils accompagnoient cette cérémonie de contorfions puériles & ridicules.

Il eft bon de vous dire qu'avant de partir pour courir les mers, ils vont fe recommander aux prieres d'un Marabou ou prêtre Mahométant, ils lui font quelque préfent, & celui-ci leur donne en récompenfe un certain nombre de moutons pour en faire le facrifice, s'ils font expofés à quelque danger évident, ce qu'ils exécuterent en cette rencontre ; mais comme l'orage continuoit toujours ils en firent un autre. Il confiftoit en deux pots de terre remplis d'excellente huile d'olive, & trèsbien bouchés. Ils fe mirent en prieres élevant au Ciel, tantôt les yeux, tantôt les mains, & finirent par s'agenouiller à plufieurs reprifes en tournant la tête du côté de leur main droite qu'ils croyent être le fiege de leur bon ange : après cela l'écrivain du vaiffeau, comme le plus fçavant d'entr'eux, prit les deux pots d'huile, en jetta un du côté droit du vaiffeau, & l'autre du côté gauche : la tempête cependant étoit toujours des plus violentes : que faire ? que devenir ? Il fallut recourir à un autre facrifice que l'on ne fait ordinairement que dans la derniere extrêmité. Il allumerent toutes les lampes, bougies & chandelles qui fe trouvoient dans le vaiffeau ; ils les placerent fur leurs canons, & fe recommanderent à Mahomet, tout cela fe fit avec le plus grand filence ; pendant ce temps il n'eft permis à perfonne de le rompre fous quelque prétexte que ce foit. Cependant le tonnerre grondoit toujours & l'air étoit tout en feu, tant les éclairs se fuccédoient rapidement ; voyant que toutes leurs prieres n'avoient fervi de rien, ces miférables eurent recours aux nôtres, car dans l'extrémité ils ne s'inquiettent point à qui l'on s'adreffe pourvu qu'on les préferve du danger qui les menace.

Déja le tonnerre a ceffé, la mer s'eft calmée, & un vent favorable a fuccédé à la tempête ; nous voguions à pleines voiles. Je m'apperçus bientôt que les Barbares étoient fatisfaits, la gaieté fe ranima fur leurs fronts, & quelques coups de bâtons bien appliqués fur nos épaules nous faifoient affez connoître que nous approchions de la Barbarie. Nous traversâmes le détroit de Gibraltar, & nous ne tardâmes guerre à apperçevoir la Ville de Salé ; nous y

arrivâmes enfin , mais nous fûmes
obligés d'attendre la haute mer pour
entrer dans le Port qui n'eft pas affez
profond pour y abord er fans marée.
On détacha cependant dans la cha-
loupe quelques-uns de nos conduc-
teurs , pour aller fans doute annoncer notre arrivée. Pendant ce temps,
j'eus le loifir d'examiner la fituation
du Port ; quand la mer eft baffe ,
il n'a pas plus d'un pied & demi
d'eau , il reffemble affez à un Havre ,
& il eft formé par le fleuve *Bura-
grah* , qui bat d'un côté les murs
de la Ville.

Cependant le foir approchoit , &
à la faveur de la marée , nous y entrâmes : il eft défendu par des rochers
& des tours où l'on place toujours
quelques fentinelles. On vint nous
faire débarquer , & nous fûmes expofés pendant un certain temps à

toutes les infultes d'une populace effrénée ; enfin, l'on nous conduifit aux *Matamoures*, c'eft-à-dire, aux prifons de la Ville, l'on nous y enferma tous enfemble, & nous fûmes très-bien gardés par plufieurs Maures qui y firent fentinelles pendant toute la nuit. Ces *matamoures* font des efpeces de cachots ou grandes caves très-baffes où l'on ne reçoit le jour que par des foupireaux fort étroits ?

Le lendemain matin, l'on vint nous chercher pour nous conduire au *Batiftan* ou marché, où l'on a coutume de vendre les efclaves qui y font confondus avec les bêtes. Le Géolier nous mena d'abord aux *Bazars* qui eft une efpece de *bourfe* fituée en ce lieu, où s'affemblent ordinairement les *Rays* ou Capitaines de vaiffeau, l'on décida du prix qu'on devoir

devoit nous vendre ; alors , des efpeces de valets de ville nous firent
courir le long du marché : en nous
mettant à prix , ils nous difoient
plus robuftes que nous n'étions , &
en agiffoient avec nous comme l'on
fait ordinairement en France toutes
les fois que l'on veut fe défaire de
quelque marchandife. Nous vîmes
bientôt arriver des marchands , ils
nous examinerent attentivement ,
& nous firent mettre tout nuds ;
comme nous avions beaucoup
de peine à y confentir , on nous
le fit faire à grands coups de bâton.
Après cela , ils nous firent marcher,
fauter , cabrioler ; ils examinerent
enfuite nos dents & nos yeux ; mais
fur-tout ils avoient grand foin de
voir nos mains, pour favoir fi nous
étions hommes de travail ou non.

B

D'ailleurs , comme ils s'adonnent
beaucoup à la Chiromantie , ils tâ-
chent de connoître par les lignes
qu'ils y remarquent fi l'on vivra
long-temps, fi l'on n'eft point malade,
& fi l'on ne s'enfuira pas ; enfin ,
l'on convint du prix , & nous fûmes
vendus à des maîtres différents.
C'eft ainfi que des monftres étouf-
fant tout fentiment d'humanité ,
commercent de leurs femblables ,
malgré cette voix fecret e de la nature qui ne ceffe de crier au fond
de leurs cœurs : « Aime & refpecte
» les hommes , il font tes freres ».
Je fus vendu à l'*Alcaïde* ou *Caja*
de l'alcaffave , qui eft le Château
de la ville. Je ne puis trouver d'ex-
preffions affez vives pour vous pein-
dre les cruelles agitations de mon
ame lorfqu'il me fallut quitter les

malheureux compagnons de mon in-
fortune. Nous nous regardâmes long-
temps les uns les autres fans dire
mot ; mais enfin il fallut partir :
foudain nos yeux fe remplirent de
larmes, & nos cœurs fe déchirerent ;
nous voulumes nous embraffer ,
mais un Renégat impitoyable nous
refufa cette derniere confolation ;
nous nous quittâmes en pleurant,
& nous nous retournâmes plufieurs
fois pour nous voir & nous revoir
encore ; enfin , nos yeux ne fe
rencontrerent plus. Jugez quelle
devoit être ma douleur lorfque je
me vis feul au milieu d'une troupe
de barbares qui prenoit plaifir à
m'infulter. J'invoquois le courroux
du Ciel, mais je me condamnois
prefque auffitôt de cruauté & d'ingratitude. Quoi, me difois-je, je

ſerai aſſez malheureux pour déſirer la mort, la mort, dis-je, qui me ſépareroit de ma chere Eugénie qui ne vit que pour moi ? Ah ! puiſ-ſai-je plutôt en ſouffrir mille, que de perdre ſeulement l'eſpérance de la revoir.

Enfin, j'arrivai chez l'Alcaïde, & je fus employé aux ſervices les plus vils de ſa maiſon ; depuis deux mois que je le ſers, je me ſuis montré ſi officieux & ſi exact, qu'il me laiſſe un peu de liberté, c'eſt ce qui fait que j'ai le loiſir d'examiner en curieux toutes les particula-rités de cette ville ; elle eſt ſituée ſur l'Océan, à trente lieues de Maroc, qui eſt la capitale du Royaume dont elle dépend. Cette ville étoit connue du temps de Ptolomée & de Pline ſous le nom de *Sala* ; & fi l'on en peut juger par les ruines de fes anciennes murailles , il eft à croire qu'elle étoit très - vafte autrefois. Son terroir , quoique fabloneux eft très-fertile en bled, il s'y trouve quantité de bétail ; la volaille y eft à vil prix, puifque les perdrix & les poules ne s'y vendent que deux fous la piece. L'on y voit plufieurs jardins remplis de beaux arbres fruitiers ; il y croît des cotoniers , & comme le lin & le chanvre y font très-rares , les Turcs .de cette ville fe fervent du coton qu'ils en retirent, pour s'en faire des efpeces de chemifes & de robes ; leurs habits font très-fimples.

Le gouvernement de cette ville approche affez du Républicain. Les feuls Turcs ont voix au Divan qui eft leur confeil ; ils y concluent en

derniers reffort. Tous les ans on
élit au mois de Mai, deux Gouverneurs appellés vulgairement *Alcaïdes* ou *Cajas*; l'un gouverne la
ville, & l'autre la Citadelle ou Château. Ces deux Chefs jugent fouve-
rainement, affiftés cependant de
quatre ou cinq Alcaïdes des années
précédentes, mais ils ne fe mêlent
que des affaires d'Etat. L'adminif-
tration de la juftice ordinaire, tant
civile que criminelle, eft entre les
mains des *Cadis*. Comme cette ville
appartenoit jadis à l'Efpagne, on en
conferve encore prefque toutes les
coutumes & les loix : l'on y trouve
des perfonnes qui reffemblent affez
à nos Procureurs & à nos follici-
teurs ; c'eft la feule ville de la Bar
barie, où l'on fe fert encore de
l'écriture. Cette place eft peuplée

de Maures, de Turcs naturels, &
de Rénégats; mais ces derniers n'ont
aucun droit aux charges du Divan
& de la ville; tout ce qu'ils peuvent espérer, c'est de devenir *Reys*
ou Capitaines de corsaires.

Les revenus de Salé ne sont pas
bien considérables, ils ne consistent
que dans les droits que l'on perçoit
sur toutes les marchandises qui y
entrent, s'y fabriquent, s'y vendent
ou en sortent. L'on y tire aussi dix
pour cent sur toutes les prises que
font les corsaires. Tout cela est re-
mis entre les mains des Receveurs
que l'on appelle Ecrivains; ils sont
élus par le Divan, devant lequel ils
sont tenus de rendre leurs comptes
de trois mois en trois mois.

Quant aux édifices publics, l'on
n'y trouve rien de remarquable; il

y a cependant quelques belles mofquées , quoique les murailles des
maifons n'y foient bâties qu'en terre
glaife , elles font cependant enrichies de statues & de colonnes de
marbre ; elles n'ont pour l'ordinaire
qu'un étage , & l'on n'y voit que
des portes fans fenêtres fur la rue ,
mais dans chaque maifon il fe trouve
au milieu une place découverte , où
toutes les chambres viennent aboutir,
& c'eft par-là qu'elles reçoivent du
jour ; les toîts y font en plate-forme ,
& l'on y va prendre l'air pendant
la nuit ; dans l'alcaffave ou citadelle ,
fe trouve une tour affez haute , où
l'on voit des croiffants peints de
toutes les façons ; ce font les armes
de Mahomet , & c'eft-là que plufieurs Rois de Maroc ont eu leur
férail , où ils entretenoient plus de

800 femmes sous la garde de leurs Eunuques. Voilà ce que j'ai vu de remarquable dans cette ville. Je suis, &c.

LETTRE I.I.

Mequinez, ce 1er Sept. 1781.

MONSIEUR,

JE ne suis presque plus esclave, car il ne me manque que la liberté de me rendre près de vous & de ma chere Eugénie : que dis-je? Ah! c'est la plus dure des captivités que de ne pouvoir voler près de ce qu'on aime. J'aurois cependant tort de me plaindre, car je suis aussi bien qu'on peut le désirer, dans un semblable pays ; ma douceur ordinaire, & mon exactitude à remplir mes devoirs m'ont gagné les bonnes graces de mon maître. Par un fatal & dangereux excès de bonté pour moi, il m'a déja engagé plusieurs fois à embraſſer le Mahométiſme, afin de pouvoir me faire un ſort; mais je lui ai toujours répondu, en lui baiſant la main, que je ne pouvois être heureux qu'en demeurant fidele à ma religion. Charmé de ma conſtance & de ma fermeté, il ne m'en aime que davantage; voilà un puiſſant motif de conſolation pour vous & pour votre adorable fille.

Dernierement mon maître fut obligé de ſe rendre à Tétouan pour des affaires d'Etat; il voulut m'avoir à ſa ſuite, & cela me procura le plaiſir de voir le pays qui abonde en toutes choſes néceſſaires à la vie.

La ville de Tétouan eſt ſituée ſur une petite montagne; les maiſons y ſont bâties en terraſſes, & bien blanchies avec de la chaux, ce

B vj

qui en rend l'afpect très-agréable;
elle domine fur de vaftes prairies
arrofée par une petite riviere qui
va fe jetter dans la mer; fa rade
n'eft éloignée que de deux lieues, &
delà l'on découvre aifément toute la
ville qui eft en amphithéâtre.Quoique
les campagnes d'alentour foient très-
fertiles en bled, elles produiroient
encore beaucoup plus fi elles étoient
bien cultivées; mais les habitans
font fi pareffeux, qu'on en en a vu plufieurs fois manger des carotes, des
feuilles de choux & des herbes fau-
vages, plutôt que de faire du pain.
La tendreffe paternelle y diminue
à mefure que les enfans avancent
en âge; de forte qu'à peu près comme
les bêtes, on les oublie dès que
leurs forces les rendent capables de
trouver leur fubfiftance. Les Rois

penſent de même , ils ne connoiſ-
ſent point l'avantage d'avoir beaucoup d'enfans , ils les regardent
comme leurs ennemis , & les éloi-
gnent le plus qu'ils peuvent , de
peur qu'ils ne les détrônent.

Le Palais du Bacha de Tétouan
conſiſte en trois grands corps - de-
logis qui reſſemblent à trois Palais
ſéparés : l'un des trois a un grand
pavillon carré , d'une hauteur prodigieuſe : il paroît bâti à la
Françoiſe , il reçoit le jour par
pluſieurs fenêtres d'une médiocre
grandeur ; les deux autres n'en ont
point. Chacun de ces Palais a un jardin planté de citroniers , d'orangers
& de figuiers. Quand nous arrivâmes à Tétouan , le Bacha étoit
aſſis ſous un des berceaux du jardin du plus beau quartier. Dès que

mon maître s'y fut acquité de sa
commiſſion, nous revinmes à Salé ,
mais quelques jours après, on l'éli t,
pour aller à Mequinez trouver le Roi
de Maroc qui y fait ſa réſidence. Le
Bacha de Tétouan devoit auſſi s'y ren
dre ; mon maître l'alla joindre ſur la
route. Nous marchâmes pendant
long - temps par des déſerts affreux,
nous campâmes le ſoir du premier jour
dans une petite plaine où ſe tenoit un
Soque , c'eſt-à-dire une foire : il
s'y trouvoit beaucoup de monde :
on y vendoit du pain, de la viande,
de l'eau & du raiſm. Les Officiers
du Bacha y firent une ample pro-
viſion, ſans rien débourſer, ſelon
la coutume du pays; car tous les
dépendants d'un Bacha ſont tenus,
non-ſeulement de le défrayer lorſ-
qu'il paſſe dans ſon département,

mais encore tous ceux qui font
avec lui. Plufieurs Alcaïdes des montagnes vinrent pour rendre leurs
comptes au Bacha, & lui faire des
préfents qui confiftoient en mules
& chevaux chargés de caiffes & de
ballots; ce qui compofoit un corps
confidérable d'hommes & de bêtes ,
on auroit dit une petite armée. Le
lendemain, nous partîmes fur les trois
heures du matin. Nous marchâmes
long - temps par des déferts arides ,
& des montagnes prefque inaccef-
fibles : les habitans de l'endroit brû-
lerent le bois & les buiffons qui
étoient le long du chemin pour le
rendre plus praticable , & en éloigner les tigres & les lions qui y
font en grande quantité. Après avoir
marché affez long-temps, nous arrivâmes dans une petite plaine où

ſe tenoit encore un *Soque*, & où l'on fit encore quelques proviſions. Nous partîmes après nous y être rafraîchis, & nous arrivâmes ſur le ſoir près d'une petite fontaine. Cette nuit, on redoubla la garde à cauſe des meurtres & des vols qui ſont très-fréquents en cet endroit : les habitans des montagnes voiſines paſ-ſent pour de grands ſcélérats, & on nous en raconta les actions les plus cruelles pour nous faire tenir ſur nos gardes. Nos ſentinelles eurent ordre de crier à chaque moment : *bonne garde!* & on nous conſeilla de laiſſer des fallots allumés dans nos tentes. Cette lumiere, ces cris réitérés, & la crainte qu'on nous avoit inſpiré la veille, me firent paſſer une bien mauvaiſe nuit ; & quoique je fus bien fatigué, je ne pus fermer l'œil. Le lendemain, nous partîmes à trois heures du matin, fans avoir éprouvé aucun accident : nous arrivâmes à Alcaffar fur les dix heures.

Alcaffar eft peu de chofe ; cette ville eft pourtant fituée dans une affez belle plaine , & des plus fertiles. Les jardins y font bien cultivés, la vue en eft charmante. Cette ville eft beaucoup plus petite que Té-touan, il s'y trouve cependant plus de mofquées, les rues y font étroites & affez fales , la mer en eft à une certaine diftance ; on s'y ennuie affez facilement.

Enfin , nous partîmes de cet en-droit, & nous marchâmes jufqu'au foleil couché , avec un beau temps; nous campâmes dans une belle plaine pour y paffer la nuit : notre cortege étoit alors de plus de quinze cents hommes, fans compter les Maures de tous les *Adouards* ou villages voifins, qui étoient venus faire des préfents & apporter des provifions. Il y avoit une grande quantité de chevaux & de mules qui portoient nos bagages. Nous partîmes delà à la pointe du jour; nous arrivâmes à midi dans un petit défilé où nous avions un très-beau chemin, mais où nous étions brûlés par le foleil. Nous vîmes près delà, à droite & à gauche, quinze ou feize Adouards dont la pauvreté ne fauroit s'exprimer. Les cabanes qui les compofent ne confiftent qu'en cinq ou fix morceaux de bois, & quelques bottes de rofeaux po ur fe mettre à l'abri des injures de l'air, & une mauvaife couverture qui leur fert de toît. Ces chaumieres font fi faciles à démonter, que dans un inftant on tranfporte un Adouard d'un lieu à un autre. Nous campâmes fur les une heure après midi, dans une belle plaine : comme nous avions encore du temps, & qu'on ne vouloit pas faire plus de chemin ce jour-là, les gardes & les cavaliers qui accompagnoient le Bacha, lui donnerent le fpectacle d'un jeu de lance & d'efcarmouche. Nous partîmes le lendemain à la pointe du jour. Nous marchâmes jufqu'à un petit endroit nommé *Boura*, fur le bord d'une petite riviere appellée *Sebout*. Après deux jours de marche, nous arrivâmes à un grand Adouard qui portoit le nom d'un des faints du pays, fa demeure n'en eft pas bien éloignée. On féjourna en ce lieu pour donner au Bacha le temps d'aller rendre visite au saint. Toutes les fois qu'il va à Mequinez, il ne manque jamais de l'aller voir, ainsi que tous les autres saints qui sont sur la route. Le lendemain nous partîmes à midi pour nous rendre à Mequinez, qui n'est éloigné de cet endroit que de trois lieues, & nous y arrivâmes sur le soir.

Le lendemain de notre arrivée, le Bacha de Tétouan eut audience du Roi, qui fut content de ses présents, & qui le reçut très-bien ; mon maître alla ensuite se présenter à lui, & il en fut très-bien accueilli. Le Roi l'appelloit son enfant, & il s'acquitta on ne peut mieux des affaires dont il étoit chargé par les habitans de Salé. Pendant l'audience qu'il eut du Roi, j'eus tout le loifir de l'examiner. Ce Prince eft d'un âge affez avancé, & d'une belle taille ; il a le vifage long & affez rempli, les yeux noirs & fiers, la barbe fourchue & grife, le teint bafané, le nez aquilin, la bouche grande, les levres épaiffes, & la tête un peu tremblante : en l'abordant, mon maître s'étoit incliné trois fois juf-qu'à terre, & l'avoit baifée en figne de refpect, & il en fit autant en fe retirant, en figne de reconnoif-fance.

Pendant cette audience, le Roi étoit dans la cour la plus proche de fes appartemens, affis les jambes croi-fées dans une efpece de calèche mon-tée fur quatre roues fort baffes, fans impérial ni doffier : un Maure te-noit derriere lui un grand parafol,

& un Mafgarin tenoit une lance d'environ fix pieds ; à côté de lui étoient deux autres Maures avec des mouchoirs pour chaffer les mouches, & tout autour environ cinquante Mafgarins , le fufil fur l'épaule : voilà en quoi confiftoit toute fa garde ce jour-là : je vis que quand le Roi vouloit cracher les Maures les plus en faveur s'approchoient pour recevoir fon crachat dans un mouchoir , un autre le reçut dans fes mains , & s'en frotta enfuite le vifage comme d'une bien bonne effence. Avant d'arriver à la Cour où étoit le Roi , nous en avions paffé fix autres de toutes fortes de formes, environnées de murailles hautes d'environ trente pieds ; aucune de ces cours n'eft pavée , toutes fi fales , que quand il pleut on a de la peine, à y marcher. La premiere cour eſt remplie de mules & de chevaux des Maures diſtingués qui vont à l'audience du Roi ; dans l'avant-derniere, ſe trouvent les valets qui gardent les babouches de ceux qui entrent dans celle où eſt le Roi, car perſonne, quelqu'emploi qui le décore, n'oſe paroître devant lui que les pieds nuds ; ceux qui n'ont point de valets, portent leurs babouches à leur ceinture : à chaque porte de ces cours il y a une trentaine de Portiers, armés ſeulement de bâtons, qui frappent ſans égards tout ceux qui veulent percer dans la foule ; ces Portiers ne laiſſent entrer aucun étranger ſans en tirer quelque *blanquille*, ils font faire la même cérémonie en ſortant.

Quoique je ne puiſſe vous donner

une idée parfaite du Palais du Roi, je vais vous rapporter ce que j'en ai vu de deſſus la tour qu'un Alcaïde de Mequinez a fait bâtir ſur une de ſes maiſons : il n'eſt pas à croire qu'elle exiſtera long-temps, vu qu'elle domine ſur toute la ville, & particulierement ſur toute l'alcaſſave, c'eſt ce qui me fait croire qu'à ſa premiere fantaiſie le Roi la fera abattre : j'en profitai cependant pour examiner ce Palais dont le circuit m'a paru de plus d'une demi-lieue d'étendue, ſans y comprendre les jardins. Il y a une ſi grande quantité de *Michoirs* ou logis ſéparés, qu'il eſt impoſſible de les compter. Ce Palais reſſemble à une petite ville, on y voit des rues alignées au cordeau, les appartemens ſont ſoutenus par des colonnes de marbre blanc,

blanc qui féparent les Michoirs des jardins. Il y a plufieurs grands logis diftingués les uns des autres : la plupart font couverts de tuiles bien verniffées ; quelques-uns font en plate-forme, j'y apperçus plufieurs fontaines, & beaucoup d'ouvriers qui travailloient de côté & d'autre ; quant à l'intérieur, comme perfonne n'y entre, excepté les ouvriers & quelques efclaves pour le fervice, voici ce qu'ils m'en ont dit.

L'appartement du Roi qu'on appelle *Coupe*, eft un grand pavillon où il y a deux chambres : celle où il couche a foixante pas en carré, & eft pavée de petits carreaux de différentes couleurs, fur lefquels eft un tapis d'une épaiffeur extraordinaire ; le plafond eft fort élevé & orné de fleurs en peinture : les

C

murs font tapiffés de fufils, de pif-
tolets , de fabres & de lances. L'autre
chambre s'appelle *Doirie*, c'eft-là
que le Roi fe lave ; elle eft pavée
en marbre blanc : au milieu eft un
grand fourneau pour y entretenir
toujours l'eau chaude qui , fortant
d'une fontaine naturelle , tombe dans
une grande chaudiere , & delà dans
un bain qui eft auffi de marbre blanc.

Ce bain fe vuide toujours à pro-
portion, de forte que par le degré
de feu que l'on entretient dans le
fourneau , & la même quantité d'eau
qui y entre & en fort, le bain eft
toujours tempéré. Il y a encore d'autres *coupes* ou appartemens qui ne
font point habités.

La coupe du Roi eft bâtie entre
quatre grands *Miohoirs* dont les appartemens font foutenus par de
colonnes de marbre.

Celui de la Reine qu'on appelle le *Chéry*, & près de la coupe *Quadra* du Roi, éloigné cependant d'environ deux cents pas , & est beaucoup plus grand , il s'y trouve plusieurs appartemens que la Reine fait meubler comme il lui plaît. Cet endroit est si secret que personne ne m'en a pu rien dire. Il y a un grand *Micho'r* à côté où logent toutes les femmes qui sont à son service , dans lequel il y a quatre fontaines & des bains ornés de marbre. Un *Michoir* consiste en quatre corps de logis , au milieu desquels se trouve une cour , ou un jardin qui ressemble assez à un cloitre. Dans le grand *Michoir* se trouvent vingt-cinq colonnes de marbre blanc , de chaque côté & huit sur la largeur ; il y a une très-belle fontaine faite en forme de coquille & de même matiere, le contour est pavé de carreaux de marbre de diverses couleurs : l'on voit à côté de chaque fontaine un bain où les femmes vont se laver. Au milieu est un petit jet d'eau, dont le bassin est en forme d'étoile & en marbre de différentes couleurs ; entre chaque colonne se trouve une porte pour entrer dans les *coupes*, qui sont des chambres, dans chacune desquelles logent deux ou trois femmes. Un simple rideau fait la séparation de la partie de la coupe que chacune occupe.

Les trois autres *Michoirs* qui environnent le logis du Roi sont plus petits, mais de la même forme ; se quatre femmes y ont leur appart ment, quoique la premiere ait u coupe particuliere. Les concubin font environs trois mille : les plus cheries d'entr'elles font logées dans ces *coupes* , les autres dans des *Maloires* ou *Bittes* , qui font de petits logis en planches , fabriqués dans le corridor des *Michoirs* à côté des portes qui font fort baffes & fort étroites.

La coupe *Quadra* , eft un grand corps de logis , où le Roi a plufieurs magafins qui renferment les chofes les plus précieufes, comme or, argent & les étoffes les plus fines.

Dans l'enceinte de cet Alcaffave ou Palais , fe trouvent quatre *Gemmes* ou chapelles , mais il n'y en a qu'une qui ait une tour où l'on place le pavillon. Voilà tout ce que j'ai pu apprendre concernant le Palais du Roi de Maroc. Parlons maintenant des autres particularités qui peuvent piquer votre curiofité.

Mequinez eft une ville fort ancienne, on la croit le Silde de Ptolomée; elle eft fituée dans une très-belle vallée qui eft arrofée par une riviere affez confidérable; on compte dans cette Ville 6000 maifons, plufieurs belles Mofquées, un grand nombre de Colléges, ou l'on enfeigne la doctrine de Mahomet; l'on y voit quantité de bains riches & commodes, les rues y font larges; & un canal très-limpide qui n'eft éloigné de la Ville que d'une demi-lieue, fournit beaucoup d'eau pour la citadelle, les Mofquées & les bains.

Vous jugez fans doute bien, Monfieur, qu'étant dans une Ville où il y a quantité d'efclaves Chrétiens, je ne manque pas de les aller voir. Je les vifite prefque tous les jours dans

les *Canots*, (c'est ainsi qu'on appelle à
Méquinez les prisons où l'on enferme
les Captifs,) je les entourage, & les
excite à la persévérance. Qu'il est
doux pour moi de pouvoir leur faire
quelques aumônes pour soulager
leurs miseres ! Ces pauvres malheureux pleurent de reconnoissance. Ils
se jettent à mes pieds & les arro-
sent de leurs larmes. Mais quand
je peux m'échapper, je le fais de
grand cœur, pour ne pas être témoin
d'un si triste spectacle. Ces jours
derniers, comme je regagnois le logis
de mon maître, un jeune esclave
vint à moi & me dit qu'une femme
Espagnole & captive auroit été
charmée de me voir, & qu'elle me
prioit en grace de lui faire cet honneur. Je pris des informations sur
son compte, & lorsque je sçus qui

elle étoit, je ne fis plus difficulté
d'y aller. Elle se nomme *Donna
Theresia*. Je la trouvai pleurant
amérement près d'une petite fille,
unique consolation dans son malheur;
mais qu'on vouloit encore lui enlever. Je la saluai respectueusement,
elle me fit asseoir près d'elle, & après
s'être informé des moyens que j'avois
employés pour captiver la bienveil-
lance de mon maître, elle me fit
le récit de ses malheurs en ces ter-
mes.

« Lorsque je me rapppelle ce jour
» déplorable où je fus prise avec
» mon enfant, comme je faisois le
» trajet de Valence à Majorque où
» j'allois réjoindre mon époux qui y
» étoit passé; mon cœur se déchire,
» mes yeux se remplissent de larmes
» & tous mes sens se troublent :

» dès-lors je me vis exposée à tout
» ce que l'esclavage a de plus affreux
» pour une personne de mon sexe.
» Je frémis au seul souvenir d'une
» nuit terrible, où sans une protec-
» tion particuliere du Ciel, j'allois
» voir égorger mon enfant sur mon
» sein, parce que je ne voulois point
» consentir à la brutalité d'un des
» Barbares qui s'étoient emparés de
» moi. A mon arrivée j'éprouvai
» bien d'autres dangers : je fus vendue
» à la Reine qui n'oublia rien pour
» me faire renoncer au Christia-
» nisme ; elle mit tout en usage pour
» parvenir à ses fins, caresses, habits
» superbes, bijoux précieux, mets
» rares & délicats, tout fut employé
» pour me séduire. Elle ne gagna rien
» sur moi : plus attentive aux vérités
» frapantes de ma religion qu'aux

C v

» menſonges du Mahometiſme , je
» rejettai toutes ſes faveurs pendant
» une année entiere. La Reine ſe
» laſſa enfin , & je fus expoſée à toute
» la rage des Eſclaves noires , qu'elle
» m'avoit données auparavant pour
» me ſervir ; ces malheureuſes voyant
» que j'étois toujours inébranlable ,
» eurent recours aux coups & aux
» mauvais traitemens. Elles m'appli-
» querent même deux fois le fer &
» le feu , ſur les endroits du corps
» les plus ſenſibles. La Reine voyant
» que rien ne pouvoit ſurmonter
» ma conſtance , me fit ſortir de ſon
» Alcaſſave & depuis lors je demeure
» ici avec mon enfant , je ſuis ce-
» pendant toujours eſclave , & obli-
» gée de me rendre chez la Reine ,
» toutes les fois qu'elle me demande :
» ces jours derniers j'y fus appellée ,

» l'on me reçut affez bien, mais les
» éloges qu'on y fit en ma préfence
» de la beauté, de ma petite fille
» que vous voyez, & qui n'eft âgée
» que d'environ douze ans, me
» donnerent à penfer qu'on ne tar-
» deroit pas à me l'enlever pour
» fatisfaire la paffion du Roi. O Ciel !
» ferai-je affez malheureufe pour
» m'en voir féparée ? ah ! fais-moi
» mourir avant que je fois témoin
» d'un femblable facrifice ! Depuis,
» lors je penfe férieufement aux
» moyens que je dois employer pour
» écarter ce coup qui me menace,
» & je n'en ai point encore trouvé,
» Il eft inutile de penfer à ma liberté
» & à la fienne, la Reine ne veut point
» y confentir, & refufa derniérement
» encore des fommes confidérables
» que ma mere & mon mari offroient

» pour notre délivrance. Infortunée
» que je suis ! Que deviendrai-je si
» je la vois entrer dans le sérail ?...
» Coup affreux ! cruelle perplexité ».

Cette pauvre femme se mit à
pleurer sans pouvoir me parler davantage. Sachant que le Roi ne porte
point ses vues sur les femmes ma-
riées, je songeai dès-lors à donner
un époux à la jeune Theresia ; mais
il falloit en demander la permission
à la Reine ; la proposition étoit
délicate : cependant soit qu'on crut
y gagner quelque chose, ou que le
Ciel secondât nos efforts, cette Prin-
cesse consentit au mariage de la
jeune fille ; un esclave Portugais qui
la recherchoit depuis long-temps fit
notre affaire ; le Vicaire Apostoli-
que les maria solemnellement, en
présence de tous les captifs qui s'y

trouverent, la mere de la jeune
mariée les fit tous manger chez elle,
& pendant la noce ils parurent oublier leurs peines : ils remercioient
Dieu de l'expédient que j'avois trouvé
& me combloient de bénédictions.
Donna Therefia ne pouvoit trouver
d'expreſſions aſſez vives pour me
marquer fa reconnoiſſance ; tous les
Captifs étoient charmés de la voir
fatisfaite ; cette femme leur fait beaucoup de bien, elles les foulage dans
leurs maladies, & leur procure même
fouvent bien des douceurs, enfin
tous la regardent comme leur
mere. Je la quittai en pleurant, &
regagnai le logis de mon maître,
qui vient d'être choifi par le Roi,
pour aller mettre le bon ordre à
Fez & à Maroc. Nous partirons au
premier jour, & j'aurai le plaifir de

vous donner les relations de mon voyage dans ces contrées. Je continuerai mes observations avec la même exactitude. Je finis en vous priant de me mettre aux pieds de mon adorable Eugenie, & de lui dire que, quelque chose qui m'arrive, je lui serai toujours fidele : puisque vous êtes son pere, vous pouvez tout sur elle, consolez-la, conservez-la pour mon bonheur, afin qu'un jour je puisse contribuer au vôtre. Je suis, &c.

LETTRE III.

Salé ce 1er. Fev. 1782.

MONSIEUR,

Enfin me voilà de retour à Salé, & pendant ma route j'ai fait des heureux ; puiſſai-je un jour l'être moi-même ! En repaſſant par Mequinez, j'allai rendre viſite à la Dame Portugaiſe dont je vous ai parlé dans ma derniere lettre ; cette femme me recut comme ſon Dieu tutélaire ; elle étoit heureuſe du bonheur de ſa fille ; je pris congé d'elle, mais vous ne pourriez vous imaginez combien nos adieux étoient attendriſſans ; c'étoit malgré moi que je l'abandonnois ; enfin la compaſſion & l'amitié

que j'avois pour cette femme , me
firent agir en homme généreux ; je
pris la réfolution d'aller me jetter aux
pieds du Roi, j'exécutai mon deffein ,
& ma démarche eut un heureux
fuccès , car dès qu'il fut que j'ap-
partenois à *Albatelaar* Alcaïde de
Salé , il me dit que les perfonnes
dont je demandois la liberté , pou-
voient retourner dans leur pays ,
pourvu cependant qu'elles n'appar-
tinffent point à mon maître. Je baifai
la terre fix fois en figne de reconnoiffance & me hâtai de retourner
chez Donna Therefia lui annoncer
cette heureufe nouvelle. Soudain elle
fe jetta dans mes bras qu'elle arrofoit
de fes pleurs, elle m'offrit tout ce qui
étoit en fa puiffance , je la remerciai
amicalement, & lui dis de fe préparer
à partir avec moi ; j'allai auffi-tôt

demander l'expédition de fon élargif-
fement & de fa petite famille : je,
retournai enfuite chez elle & le lendemain je la conduifis chez mon
maître, qui lui dit qu'elle partiroit
avec nous, & qu'en arrivant à Salé
il la feroit paffer dans fa patrie ;
enfin il prit congé du Roi & nous
partîmes. Vous ne pourriez croire
quelles furent la douleur & la joie
des Captifs, lorfqu'ils virent partir
Donna Therefia : cette refpectable
femme ne prit que ce qu'il falloit
pour fa route, & laiffa tout le refte
à ces pauvres malheureux qui fe
recommandoient à elle & à moi.
Cruelle féparation !... Arrivé à Salé
elle s'embarqua avec fa fille & fon
gendre, je les embraffai tendrement
& leur fouhaitai un heureux voyage.
Dans ce moment je penfois à ma

chere Eugenie ; ah ! me difois-je ,
que ne m'eft-il permis de revoler
auffi dans ma patrie, pour y retrouver
un pere & une amante. O Ciel !
daigne avoir égard à ma fidélité,
hâtes-toi de me rendre heureux !

Je vous ai promis la relation de
mon voyage à Fez & à Maroc,
il me tarde de vous fatisfaire. A notre
depart de Méquinez , le Roi vint
nous accompagner jufqu'à la porte
de Fez , mon maître & le Bacha de
Tétouan , (car il étoit auffi de la
députation) , lui baiferent la main
& le faluerent refpectueufement ;
nous marchâmes pendant toute une
journée , notre cortege étoit des plus
nombreux , enfin nous arrivâmes fur
le foir.

Cette Ville eft recommandable
par fon ancienneté , elle eft environ-

née de hautes murailles très-folides,
elle eft très-belle & très-grande,
les rues y font larges, les maifons
bien bâties, il s'y trouve beaucoup
de négocians très-riches, fur-tout
dans la vieille Ville, qui eft un enclos
très-grand qui leur eft affigné pour
tenir leurs magafins; la fertilité du
terroir des environs de cette Ville,
ne contribue pas peu à la rendre fi
floriffante; il y croît des grains, des
fruits & des légumes de toute efpece,
du coton & des cannes à fucre. Cette
Ville a à une certaine diftance des
forêts immenfes remplies des bêtes
féroces, tels que les lions, les tigres,
&c. Le gibier y abonde & y eft
excellent. Cette Ville n'eft cependant plus fi belle aujourd'hui que
lorfque les Rois y faifoient leur réfidence; leur préfence y attiroit une

foule de monde qui l'enrichiſſoit , auſſi étoit-elle peuplée alors de ſavants en tout genre qui y enſeignoient en divers collèges. Cependant on peut regarder cette Ville comme l'Académie de toute la Barbarie ; on y trouve pluſieurs *Alfaquis* ou doċteurs de l'Alcoran qui y interpretent ce livre fameux , on y voit encore d'autres maîtres dont les uns tiennent les petites écoles , & les autres enſeignent les Mathématiques quoique d'une maniere aſſez bizare. Un grand nombre de beaux édifices donne beaucoup d'éclat à cette Ville , elle eſt remplie d'hôpitaux , d'hôtelleries , d'écoles & de moſquées : parmi ces moſquées on en voit une qui a preſque un quart de lieue de circuit , ce qui ſemble incroyable : elle eſt entourée de petits magaſins où l'on enferme les chofes néceffaires à fon ufage : neuf cents lampes y brûlent fans ceffe, elle a près de deux cents écus de rente par jour. Les maifons de cette Ville font bâties en pierres & en briques, les chambres & les galeries font ornées de payfages, de portraits & de ftatues; les planchers de ces galeries font ordinairement dorés, ils font foutenus par de belles colonnes de marbre & fur la plupart des maifons, font de hautes tours, où les femmes font enfermées dans de beaux appartemens, elles ne fortent guere, & lorfqu'elles le font, elles font richement vêtues & portent un voile devant les yeux : la petite riviere de *Fez*, qui donne fon nom à la Ville & qui l'arrofe, eft très-poiffonneufe, les habitans y font affez affables , mais jaloux à l'excès. Cette Ville eſt entourée de montagnes. Enfin nous en partîmes pour nous rendre à Maroc, où nous arrivâmes après cinquante jours de marche par des déſerts affreux , des montagnes & des rochers eſcarpés.

Cette ville qui eſt très-ancienne, eſt entourée d'une muraille de pierre griſe , très-élevée , & fortifiée de tours & de foſſés très-profonds : elle eſt ſituée dans une très-belle plaine , elle étoit autrefois ornée de ſuperbes édifices; l'on y voit encore aujourd'hui deux temples d'une grandeur prodigieuſe , environnés de murailles hautes de cinquante coudées , & ornés de riches colonnes. Le Palais du Roi reſſemble à une petite ville, il eſt entouré de murailles très-fortes ; au

milieu de la cour eſt une belle moſquée, ſurmontée d'une tour, au
haut de laquelle eſt une verge de
fer où ſont enfilées trois pommes
d'or que l'on dit être de la péſan-
teur de ſix cents livres : l'on prétend qu'une Reine de Maroc les a
fait péſer en ce lieu, & en a donné
la garde aux Démons. Près de ce
Palais eſt un ſuperbe jardin planté
d'arbres de toute eſpece, il eſt
arroſé par un canal rempli de poiſſons, au milieu eſt un baſſin carré
de marbre blanc, & à chaque coin
un léopard de la même matiere ;
au centre eſt une colonne qui ſou-
tient un lion qui jette un torrent
d'eau par la gueule : près de ce
Palais l'on voit de petites galeries
où ſont des baſſins de marbre où
viennent ſe purifier les Barbares

avant d'affifter aux prieres. Les toîts
des maifons y font en plate-forme :
les habitans de Maroc font bien faits,
les femmes y font blanches & fort
jolies, ce qui fait que leurs maris font
d'une jaloufie extrême : il n'eft jamais
permis à un mari d'entrer chez fa
femme lorfqu'il fait qu'une autre
femme eft avec elle, & c'eft pourquoi
elles ont coutume de laiffer leurs fou-
liers à la porte de celles à qui elles
vont rendre vifite ; car un Maroquois
feroit très-offenfé s'il favoit que fa
femme a été vue par un autre que lui.
Je ne finirois point fi je voulois m'é-
tendre fur bien d'autres particula-
rités moins remarquables. Maintenant je vais effayer de vous faire
connoître toutes les cérémonies reli-
gieufes de la Barbarie: on y chomme
plufieurs fêtes affez fingulieres ; la
plus

plus célebre eft le *Ramadan*, qui eft une efpece de carême, & qui dure une lune entiere : pendant ce temps, les Mahométans s'abftiennent de boire, & même de prendre du tabac, de manger depuis le point du jour jufqu'à la nuit; mais alors ils réparent bien le temps perdu, car ils s'abandonnent à toutes fortes d'intempérance, & quand ils fe font bien gorgés, & qu'ils commencent à dormir, on les invite à recommencer : des perfonnes gagées exprès vont à minuit & fur les deux ou trois heures, recueillir tous ceux qui font dans les rues : les corfaires mêmes qui font en mer ont grand foin d'obferver cette fête ; après le Ramadan vient le *Bayran* ou Pâques.

Pendant cette fête, ils facrifient quantité de moutons qu'ils donnent

D

enfuite aux pauvres , alors ils vont vifiter dévotement toutes les mof-quées , & ceux qui ont quelque querelle , fe reconcilient. Après cette fête , l'on célebre celle de la naif-fance de Mahomet.

Ce jour-là on voit tous les Maîtres d'Ecole s'affembler l'après-dîné avec tous leurs Ecoliers , & fe rendre à la principale mofquée de la ville , ils en fortent enfuite deux à deux , tenant un flambeau à la main , & vont en proceffion par les rues , chantant les louanges du Prophete : deux d'entre ces Maîtres d'Ecole portent fur leurs épaules une pyra-mide couverte de fleurs , & fur-montée d'un croiffant , ils font fui-vis de tous les Muficiens de la ville. Les rues font toutes tapiffées & ornées de lampes ardentes ; à minuit on

allume dans chaque maifon un flambeau qu'on laiffe confumer en entier,
parce que, dit-on, Mahomet eft né
à cette heure. Cette fête dure huit
jours, pendant lequel il eft permis
à tout le monde, même aux efclaves
Chrétiens, de fe promener de nuit
dans la ville, ce qu'ils n'oferoient
dans un autre temps. Pendant cette
fête, tous les cuifiniers du Divan,
portant chacun une ferviette fur l'é-
paule, & un flambeau à la main,
vont par les rues de la ville, depuis
fept heures du foir jufqu'à onze ;
ils s'arrêtent devant les portes des
principaux Officiers du Divan,
mêlent leurs louanges à celles de
Mahomet, & fe retirent enfuite
après en avoir reçu quelques *blan-
quilles* pour s'aller divertir. Quoique les Mahométans n'aient point

de fête particuliere en mémoire de
la mort de leur Prophete, ils ont
cependant beaucoup de refpeɛt &
de dévotion pour fon tombeau : on
en voit fouvent traverfer toute la
Barbarie, les déferts brûlants de
l'ancienne Lybie, & la traverfée de
l'oueſt à l'eſt, pour y aller en péleri-
nage : on entrouve d'aſſez fous pour fe
mutiler la figure, & atteſter par-
là qu'ils fe font acquittés de ce
devoir généreux ; quelques-uns fe
crevent les yeux à leur retour,
pour ne plus rien voir fur la terre
après le tombeau de Mahomet, voilà
bien ce qui s'appelle fanatifme. Avant
de vous parler de ces fêtes, j'aurois dû vous entretenir des Prêtres,
des Saints, des mofquées & des
prieres des Mahométans ; l'on me
pardonnera le peu d'ordre qui regne

dans mes lettres en faveur de la fidélité & de l'exactitude.

Les Prêtres Mahométans font de deux fortes : les *Sentons* & les *Marabouts* ; ils ont un chef qu'on appelle le Mouphti, il demeure dans la ville, & juge toutes les affaires de religion. On trouve par-tout un grand nombre de Marabouts, mais fur-tout près des mofquées ; on en voit auffi à la campagne, où ils vivent en Hermites dans des petites cellules qui font fi refpeêtées du peuple, que jamais on oferoit en arracher un criminel qui s'y feroit réfugié. Les Santons font des efpeces de Saints, il en eft d'affez finguliers, on les voit fouvent fe promener par les rues, couverts de vieux haillons, & un bâton à la main dont ils frappent ceux qu'ils rencontrent. Les

Mahométans fe croient très heureux lorfqu'ils reçoivent cette faveur. Après la mort de ces Saints, on
allume des flambeaux devant leurs
tombeaux, on va fouvent les vifiter,
& on leur offre même des facrifices.

Les mofquées font de vaftes édifices de différente figure, l'on n'y
voit aucune image, mais feulement
des lampes en grande quantité. Dans
la muraille eft une petite chapelle
où fe tient le Marabout, tandis qu'il
fait la priere qu'on appelle *Sala*;
le peuple qui y affifte, répete les
mêmes mots que lui, & fait les
mêmes grimaces, levant les yeux
& les mains au Ciel, & baifant plufieurs fois la terre. Avant d'aller à
la mofquée, tous les Mahométans
ont foin de fe laver la bouche, le
nez, les oreilles, l'extrêmité de

pieds, & les autres parties du corps que la décence ne me permet pas de nommer, ils laissent à la porte leurs souliers qui font de cuir jaune ou rouge, faits en pointe, & ressemblant assez à nos pantoufles ; les femmes n'y entrent jamais , de crainte d'y distraire les hommes : on fait le *Sala* ou la priere cinq fois le jour; dans chaque mosquée il y a des gens gagés pour y appeller les fideles aux heures prescrites par la loi ; pour cet effet ils montent fur la tour de la mosquée y plantent un drapeau, & alors un Prêtre Mahométant que l'on nomme *Moved-dins* ou *Movezzins* , se tourne vers le midi pour honorer le tombeau de Mahomet qui est de ce côté-là, & se mettant ensuite un doigt dans chaque oreille , il crie de toutes fes forces en prononçant ees mots : *lahilla lah Mahomet reçoul allah* qui fignifient : *Dieu eft Dieu, & Mahomet fon Prophete eft auprès de lui ; à la priere, fideles.*

Le jour de leur fabbat, où dimanche eft le vendredi, il ne manquent pas de fe rendre ce jour-là à la mofquée, c'eft ordinairement après midi : ils ne travaillent point, & la chomment, parce que Mahomet, après avoir prêché fa Loi à la Meque, fut contraint de fe retirer ce même jour à Médine ; c'eft cette fuite qui eft appellée en Arabe *Hegirah* , & c'eft à cette époque ou *Hegire* , que les Mahométans ont commencé à compter leurs années.

Les Mahométans fe fervent de chapelets fans croix, compofés de

cent grains de corail, ils les réci-
tent en fe promenant dans les rues,
& difent à chaque grain : *Ha-fer
lah* : c'eft-à-dire *Dieu me garde.* Il
leur eft expreffément défendu de
manger de la chair de porc, &
de boire du vin. Je fuis, &c.

LETTRE IV.

Alger, ce 12 Sept. 1780.

MONSIEUR,

QUOIQU'IL foit bien fâcheux pour moi de me voir éloigné de tout ce qui m'eft cher, & relegué dans un pays barbare, je ne fuis cependant pas encore fi malheureux que bien d'autres de mes compagnons d'efclavage qui n'ont pour maîtres que des monftres cruels & farouches, qui ne leur parlent jamais que le bâton levé ; le mien eft doux & bienfaifant : fa bonté & fon habileté dans les affaires lui gagnent l'amitié & l'attachement de tous ceux qui le voyent. Sa réputation s'eſt tellement répandue dans toute la Barbarie, que les habitans de Tunis viennent de l'élire *Bacha Dei* de cette ville, ce qui eſt extra-ordinaire, à la place de *Bennethar* qui mourut il y a quelque temps. Cependant il n'a accepté cette charge que malgré lui, & à la follicitation de pluſieurs de ſes amis qui lui firent remarquer quelqu'ingratitude de la part de ſes concitoyens; enfin, il eſt parti avec toute ſa maiſon, le 6 Juillet, & vient d'arriver à Alger après en avoir fait la route à petites journées par terre. Ce voyage me procure le plaiſir de continuer mes obſervations.

Dès que la nouvelle du départ de mon maître ſe fut répandue dans Salé, tout les habitans qui comprirent alors combien ils perdoient,

prirent le deuil. On tâcha de les
confoler ; le Divan s'affembla & élut
un autre Alcaïde, cependant ils ne
voulurent point le laiffer partir fans
contracter une efpece d'alliance avec
lui ; c'eft pourquoi on fit célébrer une
fête publique où tous les Bachas & les
Alcaïdes des environs fe trouverent.
Mon maître en fit toutes les cérémonies ; il fe rendit d'abord à la principale mofquée de la ville, pour y faire
fa priere , alla enfuite vifiter le
tombeau d'un des Saints de l'endroit,
revint à fon alcaffave , monté fur
un cheval richement caparaçonné :
les arcons de la felle étoient ornés
de plaques d'argent & d'or, & la
houffe étoit enrichie de broderies
d'or & de pierres précieufes : il y
avoit deux grands noirs à fes côtés
qui effuyoient la fueur & l'écume.

de ſon cheval ; deux cents autres
Noirs le précédoient, armés de fuſils
& de cimeteres, on y voyoit quantité de tambours, hauts-bois & autres
inſtrumens ; trois cents Maures blancs
le ſuivoient : arrivé dans la plus
vaſte cour de l'alcaſſave, mon maître
deſcendit de cheval, & immolât
400 moutons ; & après en avoir
choiſi un bien gras, il lui coupa
la gorge, & l'envoya auſſitôt au
Cady qui le vit remuer encore lorſ-
qu'il fut dans ſa maiſon, ce qui
paſſe chez eux pour un bien bon
augure ; auſſi la fête en fut-elle
plus joyeuſe, car la populace qui
en fut inſtruite ne manqua pas de
chanter cet heureux événement.
Mon maître envoya d'autres moutons dans toutes les maiſons de la
ville, pour y être auſſi égorgés.

Cette fête dura fix jours pendant lefquels on mangea les victimes, & on fe réjouit beaucoup. Tous les jours on célébroit des jeux dans une très-grande place qui eft près de l'alcaffave : chaque jour fur les cinq heures du foir, cinq cents hommes attendoient mon maître pour le conduire à l'endroit où fe devoient faire les jeux; la mufique barbare qui s'y trouvoit étoit dif-cordante & défagréable. Tous les premiers de la ville étoient déja rendus; enfin, fur les fix heures on le voyoit venir; il étoit monté fur un très-beau cheval, & on en conduifoit deux à fes côtés pour en changer : à fon arrivée fur la place, tous les Maures qu'on avoit vu juf-qu'alors en grande confufion, fe féparoient & faifoient deux corps d'armée qui gardoient pendant le combat, l'ordre qu'ils ont coutume d'obferver en préfence de l'ennemi.

Mon maître ouvroit d'abord le jeu de lances avec deux Officiers, partant de leur pofte ventre à terre ; trois antres du corps de l'armée oppofée , fe détachoient dans le même inftant , & étant prêts de fe joindre , lâchoient pied , & tour-noient bride, ce qui donnoit lieu aux attaquans de pourfuivre avec plus de vîteffe , & de porter leurs coups de lances aux fuyards. Les trois vainqueurs revenant à leur pofte, étoient pourfuivis par d'au-tres : mon maître faifoit volte-face , & paroit adroitement les coups de lance qui lui étoient portés. Dans le même moment, vingt Cavaliers fe détachoient de chaque camp à

bride abattue , & faifoient leurs
décharge de moufqueterie , n'étant
qu'à dix pas les uns des autres ; lorfqu'ils retournoient à leur pofte ,
un femblable détachement partoit
de chaque côté la lance en arrêt ,
ils fe portoient des coups fi violents ,
que quelques-uns en étoient renverfés. Ces attaques étoient fi fréquentes
& fi opiniâtres , qu'on auroit dit
qu'ils vouloient s'entretuer. Ces
divertiffemens duroient deux heures.
Le dernier jour de la fête , mon
maître s'étoit fait une légere blef-
fure à la jambe , cela cependant ne
nous empêcha point de partir , mais
après quelque jours de marche , elle
parut devenir dangereufe ; il fit
appeller fes chirurgiens qui n'y
purent rien connoître. Tous en défef-
péroient : je me reffouvins alors de

plufieurs remede qu'on emploie en
France pour guérir ces efpeces de
maux. D'ailleurs, j'avois étudié quelque temps la chirurgie, je me dé-
cidai à fubir l'examen fans lequel
on ne peut toucher à perfonne :
je vis enfuite la jambe de mon maître,
& je la guéris en peu de jours. Il
ne favoit comment me prouver fa
reconnoiffance ; il auroit voulu me
voir prendre le Turban , & il m'auroit comblé de bienfaits ; quant
à ma liberté , il ne veut point en
entendre parler, il dit fouvent qu'il
ne me la donneroit point pour toute
la France. Les Renégats font jaloux
des faveurs qu'il m'accorde , & ont
déja tenté plufieurs fois de me perdre
dans fon efprit, mais il n'ont point
encore pû réuffir. Dès qu'il ne fentit
plus de douleur , nous partîmes. Le

our même, nous arrivâmes dans
la province *d'Errif* : on y voit beaucoup de rochers, les campagnes n'en
font point bien fertiles, on y trouve
quantité de chevres, d'ânes & de
finges ; l'on y voit auffi des chevaux
& des petits bœufs qui ne font pas
plus gros que des veaux : cette province a un volcan fur fes confins ;
les habitans de ce lieu font laids
& groffiers, & les femmes y font
infideles, ce qui y occafionne fouvent des guerres civiles très - fan-
glantes. Faut-il donc que ce fexe fi
aimable & fi doux qui pourroit faire
régner la paix la plus parfaite par-
mis les hommes, s'il vouloit fe
fervir de l'empire que la nature lui
a donné fur les cœurs ; faut-il, dis-je,
que ce fexe charmant foit par-tout
un fujet de défordre & de trouble !

Nous pafsâmes enfuite dans la province de *Garet*, qui n'offre rien de remarquable. Dans celle de *Chaus*, qui vient après, l'on voit une ville très-ancienne, & que l'on appelle *Moza*, elle étoit autrefois la troifieme ville du Royaume de Fez, & avoit une mofquée fuperbe : elle contient aujourd'hui à-peu-près 500 maifons, fans compter les Palais, les colléges, les bains & les temples qui y font affez bien bâtis. Près de cette ville eft la fontaine des *Idoles*, connue dans le pays fous le nom de *ain el ginum* ; on y voit encore les ruines d'un temple où les hommes & les femmes s'affembloient autrefois pour s'y livrer à toute forte de lubricité. Sur le fleuve appellé *Subu*, qui arrofe cette Province, l'on trouve un pont

digne de remarque : il confifte en deux groffes poutres qui
font placées à chaque bord. A chacune des poutres fe trouve une
poulie où paffent deux cordes de
jonc marin, à la plus haute def-
quelles eft fufpendue une corbeille
de la même matiere , & qui peut
contenir dix hommes ; quand on veut
traverfer le fleuve , on fe met dans
la corbeille, on tire à foi la corde
de deffous , & on eft porté fans
peine d'une rive à l'autre. Quoique la
plus grande partie de cette Province
foit ftérile , il s'y trouve cependant
d'affez bonnes terres dans certains
endroits : l'on y voit des montagnes fort hautes, couronnées d'épaiffes forêts, peuplées de bêtes féroces,
& où l'on trouve des ferpents qui
ne font de mal que lorfqu'on leur

en fait. Les habitans font blancs, robuftes, légers à la courfe, & habiles à monter à cheval ; les femmes y font aufîi aimables qu'elles peuvent l'être en ce pays, c'eft fur les confins de cette province que finit le Royaume de Fez, qui, réuni maintenant à celui de Maroc, fait le plus bel Empire de toute la Barbarie. Le Roi y eft fouverain, il doit cependant payer une certaine fomme tous les ans au grand Turc. Nous entrâmes enfuite dans les Provinces occidentales du royaume d'Alger ; l'air de ce pays eft excellent, les arbres y font toujours couronnés de verdure, & les campagnes y font très-fertiles, fur-tout celles qui s'approchent le plus de la mer. La premiere province que l'on rencontre eft celle de *Treme-*

cen , la ville capitale du même nom,
eſt très-forte & très-ancienne; on
y voit un grand château bâti à
la moderne, & dans lequel on trouve
pluſieurs chambres , ſales , jardins
& autres appartemens pour les Janiſ-
ſaires; il s'y trouve pluſieurs belles
moſquées, cinq colléges , quatre
grands bains & deux hôpitaux :
les maiſons y ſont belles & bien
bâties. L'on y trouve des jardins
remplis d'arbres fruitiers & de berceaux de vignes qui les rendent très-
agréables : les Juifs y avoient autrefois dix Synagogues , le terroir y
eſt fertile , & les habitans y ſont
affables. Il ſe trouve parmi eux des
ſavants diſtribués en pluſieurs claſſes,
telles que les Ecoliers, les Juriſcon-
ſultes, les Notaires & les Docteurs
de l'Alcoran ; l'on y enſeigne la

médecine & les mathématiques.
L'on entre enfuite dans les Provinces d'*Angad*, de *Beni* & d'*Araxid* :
elles ne font connues que par les
Arabes qui y exercent leur brigan-
dage ; dans la Province de *Miliane*,
l'on trouve la ville de *Teflare* fi
connue dans l'Hiftoire romaine ,
fous le nom de *Céfarée*. Dans toutes
ces régions , l'on rencontre quantité
de lions , de léopards , de cameleons , de finges , d'autruches & de
porc-épis. Nous traversâmes enfuite
le royaume de *Couco* , & les provinces de *Labez* & de *Tenez* qui
n'offrent rien de curieux ; vint enfuite la Province de *Humanar* , où
fe trouve une ville appellée *neb
Roma*, qui veut dire *nouvelle Rome* ;
elle eft bâtie dans une belle plaine
à trois lieues de la mer ; fes maifons,

fes murs, fes ruines, au milieu def-
quelles l'on trouve renverfées de fu-
perbes colonnes d'albâtre, enrichies
d'infcriptions latines, font affez voir
qu'elle a été bâtie par les Romains :
cette province eft affez fertile ; il
y croît en abondance du coton, des
vignes, des figues, des pommes, du
fénégré, des citrons, des grenades,
des pêches, des olives & d'excel-
lents melons. *Harefcol*, capitale de
la province qui vient enfuite, n'offre
rien de curieux. La ville *d'Oran* ou
de *Horan* préfente un charmant
fpectacle. Cette ville eft bien bâtie,
& fituée en partie fur un côteau couvert de beaux arbres qui préfentent
aux regards des voyageurs, des bouquets charmants de fleurs & de
fruits. Nous vîmes enfuite dans la
province de *Sargel* un fuperbe tem-

ple

ple bâti par les Romains : ce peuple qui ne travailloit jamais que pour l'immortalité ; les campagnes de cette province font très-fertiles : l'on y voit quantité de mûriers qui fervent à nourrir des vers à foie ; enfin, nous arrivâmes à Alger en bonne fanté.

Alger, nommée *Gezair* par les Turcs, étoit autrefois felon quelques-uns connue fous le nom de *Julia Cæfarea*, & étoit la capitale de la Mauritanie, comme elle l'eft encore aujourd'hui du royaume qui porte fon nom : elle eft fituée fur le penchant d'une montagne. Les maifons terminées en terraffes, & toutes blanchies, en rendent l'afpect très-agréable. Les flots de la mer viennent battre les murs de cette ville du côté du nord : elle a plus d'une lieue françoife de circuit, & fes murailles qui ne font defendues que par de petits foffés, font flanquées de plufieurs tours qui font garnies de gros harpons de fer ou *ganges*, fur lefquels on jette les Chrétiens, & où ils demeurent accrochés jufqu'à ce qu'ils expirent. Les Maures qui font coupables de quelque grand crime, meurent affez fouvent de ce fupplice : les rues d'Alger font fort étroites, & les maifons fe joignent prefque les unes aux autres. On affure que cette ville eft peuplée de plus de cent mille habitans.

Le port eft fermé par un mole d'environ 500 pas, qui de la terre-ferme va jufqu'à un rocher où eft le fanal avec trois batteries de canon de fonte, & augmenté depuis peu

de plusieurs fortifications où on a
élevé des nouvelles batteries.

La ville a cinq portes, dix grandes
mosquées, & cinquante petites, trois
colléges, quantité de petites écoles, & soixante bains richement
meublés.

Les campagnes des environs sont
remplies de jardins & de maisons
de campagne qui forment un paysage
fort agréable. Ces jardins sont plantés
de beaux arbres fruitiers, & l'on
y voit quantité de berceaux de jas-
min, de vignes & d'orangers où
l'on va prendre l'air ; c'est-là que
le Turc effrené fait gémir dans un
dur esclavage la Géorgienne infortunée, qui s'efforce, mais en vain, de
captiver sa tendresse; lorsqu'il la voit,
ce n'est que pour assouvir sa passion
brutale qui ne trouve de volupté

que dans la privation du fentiment qui a tant de charmes pour nous. Le terroir de ce pays, quoique montueux, produit abondamment les chofes de premiere néceffité; l'on y voit d'épaiffes foréts remplies de bêtes féroces : le gibier y abonde, & on dit que les perdix y couvent fept à huit fois l'année. On voit dans ce pays un animal fauvage, nommé *Gapard*, qui s'apprivoife affez facilement; on s'en fert pour la chaffe à caufe de fon agilité : il a la tête d'un chat, la queue mouchetée comme celle de la Panthere, & les pieds de derriere plus hauts que ceux de devant. On y remarque encore un autre animal dont l'haleine refpirée à jeun, guérit l'engourdiffement des membres ; il

reffemble partie à un chien, partie à un renard.

Les habitans d'Alger ont le teint
affez blanc, le corps robufte, bien
fait. Les gens de diftinction portent
leur barbe ; mais les perfonnes du
commun fe la font rafer, ainfi que
les cheveux dont ils laiffent feulement
une petite touffe au haut de la tête,
ils prétendent que c'eft par-là
que leur Prophete les prendra pour
les tranfporter en paradis. Les gens
ordinaires font affez fimplement habillés, mais les grands ont des vê-
temens très-riches, ils font faits de
foie & d'étoffes d'or à grandes fleurs,
ils portent des turbans enrichis de
pierreries & des petites bottes à la
Turque.

Alger eft entourée de fortereffes
qui la défendent contre les attaques

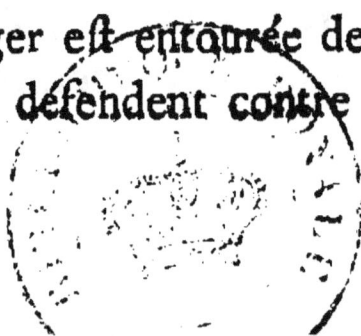

E iij

de ſes ennemis, ces forts ſont très-
bien gardés & munis d'artillerie.

Le gouvernement de cette Ville
eſt preſque monarchique, le Dey
ſeul y décide de toutes choſes tant
pour le civil, que pour le criminel.
Il aſſemble quelquefois le Divan
général, ou les principaux Officiers,
mais c'eſt ſeulement par politique
pour les grandes affaires, & pour ne
pas être ſeul reſponſable des événe-
mens, leur laiſſant ainſi une ombre
de république: il eſt toujours élu par
les ſoldats ; lorſque les voix ſont
réunies en faveur d'un Dey, tous
s'écrient enſemble, « A la bonne
» heure, que Dieu lui accorde toute
» félicité & proſpérité », & bon gré
malgré, ils le revêtent du Caftan qui
eſt un des attributs de la Royauté,
& le mettent en place. Le Cadi vient

enfuite lui lire fes obligations, tous lui prêtent ferment de fidélité.

L'on ne connoît point dans ce pays les détours toujours renaiffans de la chicane, cette hydre vorace que fes miniftres avides nourriffent des fortunes des particuliers. La Juftice que rend le Dey eft prompte & fans frais. Lorfque quelqu'un a un procès foit pour dettes ou autres chofes, il va porter fa plainte au Dey qui envoie fur le champ chercher la partie; ils font interrogés l'un devant l'autre, fi le débiteur ou le créditeur fait paroître des témoins & s'il convainc l'autre de faux ferment, on donne à l'inftant au parjure trois cents coups de bâton, & on lui fait payer le double de la dette, ce qui fait que ce cas arrive rarement. Quand le débiteur avoue la dette

& que pour de bonnes raisons, il prouve qu'il n'a pu s'acquitter plutôt, on lui demande en combien de temps il prétend payer, ce qui ne peut jamais passer une lune ; on lui accorde huit jours plus que le temps qu'il a demandé, & s'il ne satisfait point on envoie un *Chaoux* ou huissier, qui va chez lui vendre ses effets à sa porte même, jusqu'à la concurrence de la somme due, qui est délivrée au demandeur sans dépens de part ni d'autre. Si cet homme est sans établissement il est mis en prison jusqu'à ce qu'il satisfasse. La discussion des héritages est pour l'ordinaire renvoyée au Cadi, ainsi que les affaires de religion. La Justice criminelle n'a pas plus de formalité, mais le Turc & l'Étranger ne sont point punis également, un Turc doit être duement convaincu & par des témoins irréprocables ; mais à la moindre faute l'Etranger eft baſtonné , étranglé ou condamné à telle ſomme ; c'eſt *l'Aga* qui lui lit ſa ſentence & l'exécute à l'inſtant. Les Maures ne ſont point aimés à Alger , & quoique naturels du pays , ils ſont obligés de céder.

Ce ſont les Turc dans Alger qui compoſent le corps de la milice , ils ont de très-grands priviléges , ſont comme Seigneurs ne payent aucun impot , ne ſont jamais châtiés en public , & le ſont très-rarement en particulier. Le plus miſérable de la milice , fait ranger à ſa fantaiſie le Maure le plus diſtingué ; ils ſe ſoutiennent tous les uns les autres & quelques choſes qu'ils entreprennent ils ont toujours raiſon. Ils ſont bien logés aux *Cacheries* ou cazernes ; trois dans chaque chambre, & ont des efclaves entretenus aux dépens du public pour les fervir, on leur fournit à chacun quatre pains, avec leur paye : ils achetent la viande un tiers meilleur marché qu'elle n'eft taxée par la police pour le public.

Ils ne laiffent aux Maures pour armes que des lances, des fabres, des couteaux & ne les admettent point à la paye, ils fe réfervent le droit de porter les armes à feu qu'ils ont foin d'entretenir en bon état auffi bien que les chevaux qui leur font fournis par la République ; quand ils trouvent un Maure mieux monté qu'eux, ils changent fans façon de cheval, ce qui fait qu'ils ont toujours les plus beaux & les meilleurs courfiers.

Il leur eft expreffément défendu

de toucher aux dépouilles de l'ennemi, & ils pafferoient pour des lâches s'ils ofoient le faire : ils ne jouent jamais pour de l'argent, quelque modique que foit la fomme, & le plus libertin d'entr'eux ne prononcera jamais le faint nom de Dieu indignement. Ils oublient facilement leurs querelles particulieres, & le premier moment paffé c'eft une infamie pour un Turc de fe fouvenir des injures qu'il a reçues, ils n'ont d'eftime que pour les armes, & l'on n'eft homme felon eux, qu'autant que l'on eft ou que l'on a été foldat.

Comme le Royaume d'Alger a une grande étendue, il y a encore des troupes fous la conduite de trois Beys nommés par le Dey, & établis par fon autorité, Généraux d'armées

& Gouverneurs de province ; ils commandent en Souverains aux camps & dans leurs départemens ; ce font eux qui tirent les droits des Villes , ramaffent le *carage* ou tailles de la campagne & les revenus de la République, dont ils viennent tous les ans rendre compte au Dey d'Alger , & remettre l'argent dans le tréfor public.

Les forces maritimes d'Alger font confidérables, les Officiers de marine compofent un corps très-nombreux; quoiqu'ils ne fe mêlent aucunement des affaires d'Etat , on les ménage beaucoup , parce que c'eft par leur confeil & leur bravoure que tout ce qui concerne la mer fe réfout & s'éxécute. Il eft furprenant de voir comme ils entretiennent leurs bâtimens en bon état , vu qu'il ne trouvent rien dans leur pays qui y foit propre pour la conftruction, car il y a très-peu de bois, fur-tout pour des mats ; ils n'ont ni cordages, ni goudron, ni voiles, ni ancres, ni même de fer, aux environs d'Alger ; dès qu'ils peuvent feulement avoir affez de bois neuf, qu'ils font venir de *Bugie*, pour former le fond du vaiffeau, ils achevent le refte avec les débris des prifes qu'ils ont faites, qu'ils favent parfaitement ménager, & trouvent ainfi le fecret de faire des vaiffeaux neufs & bon voiliers avec des vieux. De toutes les les puiffances des côtes de Barbarie, Algériens fur mer font les plus forts.

Le Divan eft le Confeil d'Etat. Quand tous les membres du Divan font affemblés, l'Aga prononce tout haut l'état de la queftion, adreffe

d'abord la parole aux chefs de l'affemblée enfuite aux autres ; ils font
au nombre de quinze à feize cents :
le lieu de l'affemblée eft la cour du
palais du Dey , ils y demeurent de-
bout & y reftent quelquefois fix ou
fept heures expofés à toutes les injures de l'air. Ils ont tous les mains
croifées fur la poitrine, celui qui feroit
affez hardi pour faire quelque gefte ,
feroit mis auffi-tôt dans un fac &
jetté à la mer, car alors c'eft un figne
de fédition. C'eft encore pour la
même raifon qu'il n'eft permis à perfonne d'y affifter armé , même d'un
couteau. Quand l'affaire a été affez
agitée , lorfque chacun paroît la
connoître fuffifamment , il fe fait
alors dans l'affemblée un vacarme
épouvantable , fur-tout fi elle paroît
ne pas convenir. La plûpart de

ceux qui compofent le Divan ne favent ni lire ni écrire, tout y eft popofé & réfolu en langue Turque, quand les femmes ont des plaintes à faire au Divan, elles affemblent leurs amies & leurs parens, & vont toutes voilées crier devant la porte *Charala*, c'eft-à-dire, *juftice de Dieu*; elles font ordinairement bien écoutées, ainfi que dans bien d'autres pays.

Il fe trouve à Alger beaucoup d'efclaves Chrétiens, je vais les voir le plus fouvent qu'il m'eft poffible. Dernierement j'affiftai au convoi d'un d'entr'eux qui étoit mort fous les coups pour avoir infulté un renégat. Deux efclaves portoient le corps précédé de plufieurs autres captifs & d'un Religieux. Les Barbares s'approchoient en foule, les

Renégats fur-tout nous infultoient, & les enfans eux-mêmes nous crachoient à la figure, d'autres jettoient des pierres ou de la boue fur le cadavre & difoient : *Chupeque* qui veut dire *vilain Chien*. Arrivé au cimetiere on y fit les prieres & cérémonies accoutumées, & nous revîmmes enfuite à la chapelle. Comme j'allois rejoindre mon maître je rencontrai par hazard un cortege grotefque de Barbares qui danfoient & chantoient en conduifant une jeune fille voilée ; j'en demandai la raifon à l'efclave qui m'accompagnoit, & il me dit que c'étoit une des cérémonies du mariage.

Quand on veut fe marier dans ce pays, on s'adreffe aux parens de la fille que l'on veut époufer, & l'on figne les articles acceptés en préfence du Cadi & de deux témoins, c'eſt le mari qui dote ſon épouſe, la fille n'apporte de ſon côté que ſon trouſſeau. Quand tout eſt réglé, le Cadi délivre aux parties la copie de leur contrat : le jour des noces, la jeune épouſe ſe promene par les rues accompagnée de ſes parens, de ſes amies & de quelques joueurs & joueuſes d'inſtrument, & eſt ainſi conduite en triomphe par le chemin le plus long chez l'époux, qui la reçoit à la porte de ſa maiſon : là ces deux perſonnes qui ne ſe ſont jamais vues ſe touchent la main & ſe font les plus tendres proteſtations que peut inſpirer un véritable amour. Je ne m'étonne plus de la jalouſie qui regne en Barbarie, car il eſt preſqu'impoſſible que les ſentimens ayent part à de ſemblables mariages.

Les nouveaux époux reçoivent
enfuite de quelque Marabout une
efpece de bénédiction nuptiale. Le
refte du jour fe paffe en jeux, feftins
& divertiffemens. Les hommes fe
réjouiffent d'un côté, & les femmes
de l'autre ; les Barbares ne connoif-
fent point la délicateffe & l'enjoue-
ment que produit la réunion des
deux fexes qui feule fait les délices
des feftins. Enfin la nuit vient &
fon filence fi favorable au myftere
de l'hymen , fuccede à la joie
tumultueufe. Les Barbares n'obéiffent
en ce moment qu'aux loix que leur
dicte leur paffion , ils ne s'inquiettent
point de leur génération. Les monftres ! ... Ils ignorent la douce &
tendre joie qui inonde le cœur de
celui qui fe voit eareffer par les
mains innocentes de fes enfans ,

qui s'empreſſent à lui demander un baiſer. Je ne parlerai point de toutes les cérémonies ridicules qui s'obſervent encore en cette rencontre, il ſuffit de dire qu'elles ne peuvent avoir pris naiſſance que dans la plus vile ignorance & la groſſiereté la plus accomplie.

Quoique les Algériennes ne ſe montrent pas en public, elles ne laiſſent pas que d'être richement vêtues; elles ſont en général belles & bien faites, elles ont les traits réguliers & preſque toutes les yeux noirs. Les plus groſſes femmes paſſent en Barbarie pour les plus belles, les tailles ſveltes & bien dégagées n'y ſont point eſtimées. On en trouve beaucoup d'une beauté parfaite, elles ſont comme la nature les a formées; au lieu que chez nous, à force de

vouloir la coriger on la rend très-
souvent difforme; leur nouriture est
aussi beaucoup plus douce & plus
uniforme que celle de nos Françoises
qui mangent des ragouts, boivent
du vin & passent au jeu la plus
grande partie des nuits. Est-il éton-
nant après cela qu'il y ait tant d'enfans contrefaits parmi nous?

Les femmes barbares ne manquent
ni d'esprit ni de vivacité, ni de tendresse; il ne tiendroit qu'à leurs
époux d'en faire des héroïnes en
amour, mais l'extrême contrainte
qu'elles éprouvent leur fait faire trop
de chemin en peu de temps; les plus
passionnées font souvent arrêter par
leurs esclaves les gens les mieux faits
qui passent par les rues, & savent très-
bien tromper leurs argus & oublier
près d'un captif les boutades gros-

fieres de leurs féroces époux ; ordinairement on s'adreſſe pour cela à
des Chrétiens qui, s'ils ſont con-
vaincus d'avoir commerce avec elles,
ſont condamnés au feu. Les Juives
qui ſont leurs confidentes entrent à
toute heure dans leurs appartemens
ſous prétexte de leur porter des
bijoux, & y introduiſent très-ſouvent
de beaux jeunes garçons déguiſés en
filles. L'heure de la priere du matin
& du ſoir eſt pour l'ordinaire l'heure
du berger en Barbarie ; c'eſt alors
que les femmes dont les maris ne
ſont pas bien difficiles prennent un
turban tandis qu'ils ſont à la moſquée,
& vont chez les Juives où elles ont
coutume de trouver bonne compagnie, & c'eſt-là que l'on eſt avec
elles en pleine liberté : l'amour eſt
ingénieux par tout pays & pour vous

prouver combien il l'eft en Barbarié, il me fuffira de vous rapporter une aventure galante arrivée à un de mes amis & compagnons d'efclavage; c'étoit un jeune homme bien fait & d'une jolie figure, François de nation, captif comme moi, mais depuis peu de temps; il étoit très-verfé dans la médecine, & graces à cette fcience il n'étoit pas bien durement traité. Sélime femme favorite du Dey l'apperçut un jour; fon air noble & diftingué fit fur elle une impreffion qu'il eft difficile d'exprimer, elle fe fentit une certaine fimpathie pour ce jeune homme, & dès ce moment elle ne penfa plus qu'aux moyens qu'elle devoit employer pour en obtenir un tête-à-tête. L'on s'imagine bien que pour une femme & fur-tout une femme

Turque qui ne s'étudie qu'à tromper, rien ne fut plus facile que d'en trouver l'occasion. Elle apprit que ce jeune homme étoit habile médecin, elle feignit une maladie toute singuliere & inconne à tous les Docteurs de Barbarie; le Dey qui l'adoroit, & qui eut donné sa vie pour elle, sacrifia en cette rencontre sa jalousie à son amour, il fit venir ce jeune homme, & après l'avoir interrogé pendant quelque temps, il le conduisit lui-même dans son sérail, & delà dans l'appartement de la malade qui étoit couchée sur un lit superbe; il me raconta ainsi ce qui lui étoit arrivé.

« Dès que je fus entré elle me dit
» qu'elle ressentoit des douleurs aiguës
» à la tête, j'y portai la main & n'y
» sentis aucune inflammation : je lui

» tâtai le pouls en mettant son bras
» sous la couverture pour ne point
» l'exposer à l'air, pour lors je connus
» sa maladie, car son autre main
» ayant saisi la mienne avec avidité
» la serra vivement contre son sein.
» Un semblable début m'étonna fort,
» je dissimulai cependant avec ad-
» dresse, le Dey qui étoit toujours
» présent & qui tachoit de lire dans
» mes yeux la maladie de sa mai-
» tresse, prit mon trouble pour la
» crainte que j'avois de ne pouvoir
» la guerir. Dans ce même instant
» elle le pria d'aller chercher sa pre-
» miere esclave qu'elle savoit bien
» loin, & feignit aussi-tôt des especes
» d'évanouissemens convulsifs. Le
» Dey me pria de rester près d'elle,
» il sortit & m'enferma dans l'appar-
» tement de Sélime, pour m'empê-
cher

» cher de voir ses autres femmes ,
» c'étoit justement ce que demandoit
» la malade ; elle ne tarda guère à
» revenir de ses foiblesses , alors me
» prenant la main, elle leva vers
» moi ses yeux langoureux & me
» parla ainsi : *Jeune étranger , je te*
» *vis , je t'aimai , j'ai voulu jouir de*
» *ta présence , elle ne dément point la*
» *bonne opinion que j'avois conçue de*
» *ta personne : tu es François, c'est*
» *encore un droit de plus à mes fa-*
» *veurs : viens , sois heureux , puisse*
» *Mahomet me faire oublier en ce*
» *moment les peines que j'ai souffertes*
» *dans cette triste prison.* A ces mots
» je me trouble , je pense aux bu-
» chers , aux pals & à tous les autres
» genres de supplices qui m'attendent
» si je suis convaicu d'avoir partagé
» la couche de Sélime ; d'un autre

F

» côté je me repréſente tout ce que
» je puis attendre d'une femme in-
» dignée de mes refus ; enfin je ſens
» évanouir toutes mes craintes. Que
» la douce langueur qui étoit peinte
» ſur ſa figure la rendoit intéreſ-
» ſante ! ... Le Dey revint , je ne
» manquai pas de paroître mécontent
» de ce qu'il m'avoit ainſi laiſſé ſeul
» avec une perſonne mourante , il
» m'en fit ſes excuſes & me récom-
» penſa très-bien ; j'allai revoir plu-
» ſieurs fois ma malade, & à la fin je
» la trouvai guérie ».

Voilà ce qui fait bien voir la vérité
de ce que l'on a dit tant de fois, que
l'amour ſuggere par-tout aux femmes
les moyens de ſe ſatisfaire : envain
la jalouſie a inventé les tours & les
clefs , tout enfant qu'il eſt, il en
triomphe ſans peine, & apprend aux

hommes à laiffer libres des créatures nées telles.

Nons refterons encore deux jours ici, je viens d'aller faire mes adieux aux captifs, & aux Religieux de la Sainte-Trinité qui deffervent l'hôpital de cette Ville. Qu'il eft beau de voir des mains confacrées au fervice du Dieu de miféricorde, foulager les miferes de l'humanité ! Ah ! ce font bien là de vrais héros ! Tout pauvres qu'ils font ils n'épargnent rien pour les malades. Et en effet que ne peut la charité Chrétienne dirigée par la douceur, le zele & la prudence ? Leur vie édifiante leur attire les hommages de tout Alger, les Barbares mêmes les refpectent & les chériffent, tant il eft vrai que la religion Catholique rend recommendables tous ceux qui la pratique fincérement. Pardonnez-moi, Monſieur, la longueur de cette lettre ; j'aurois encore bien des choſes à vous apprendre, mais comme elles ne ſont pas de grande conſéquence je me hâte de vous aſſurer qu'avec la fidélité la plus reſpectueuſe, je ſuis, &c.

LETTRE V.

Tunis, ce 10 Dec. 1784.

MONSIEUR,

Enfin nous voilà heureusement à Tunis : mais avant de vous parler de cette Ville, j'ai bien des chofes à vous apprendre concernant les pays que j'ai traverfé depuis Alger. A notre départ de cette Ville, notre cortege fut augmenté de beaucoup ; mon maître voulut paffer par toutes les Villes qui fe trouvent fur la route, ce qui me procura la fatisfaction de les examiner. Je remarquai auffi le caractere des Arabes dont

F iij

nous rencontrâmes un nombre infini
de Hordes, ils different beaucoup
des Turcs, ils n'ont aucune Ville,
& ne se bâtissent jamais de maison;
ils se répandent dans les campagnes
pour y croupir dans la paresse &
épier les voyageurs qu'ils ont soin
de dévaliser. Ils cotoyent souvent le
rivage de la mer pour profiter des
naufrages, malheur à ceux que les
flots ont épargnés & qui tombent
entre leurs mains; ils sont exposés
à tout ce que l'esclavage à de plus
affreux.

Les Arabes sont adonnés à toute
espece de libertinage, ils sont voleurs
& se plongent dans les plus sales
impuretés; ils ont cependant quelques bonnes qualités qui sont de ne
point avoir d'ambition, de fouler
aux pieds toutes les grandeurs du

monde & de se contenter du nécessaire.

Ils font des especes de camps volants, dreffent des tentes, les unes près des autres, y laiffent des rues & des avenues, ils appellent cette habitation *Douar*, & chaque tente, *baraque*: ils y logent & dorment fur la terre couverte de peaux de bêtes ou de feuilles feches, leurs beftiaux font toujours avec eux, leurs baraques font fabriquées en forme de croiffant, foutenues par trois grands bâtons, & fermées avec des efpeces de clayes: au milieu de leur *douar* eft un efpace affez confidérable qui leur fert de baffe-cour, ils n'ont point de retraite fixe, & quand ils s'ennuyent dans un lieu ils vont fe camper dans un autre.

Les Arabes font très-mal habillés;

ils ont la tête ceinte d'un vieux
torchon qui leur fert de turban ,
ils s'enveloppent d'une grande piece
de drap de fix à fept aunes , ils vont
toujours pieds nuds , les femmes ne
font couvertes que d'un drap qui leur
prend depuis le fein jufqu'aux genoux , le refte eft nud. Elles portent
les cheveux pendants qu'elles treffent
en plufieurs cordons & y attachent
par coquetterie quelques dents de
poiffon ou des morceaux de verre ou
de corail ; leur coeffure eft faite
d'une petite piece d'étoffe qui reffemble beaucoup à l'étamine ; le
même défir de plaire fait que pour
paroître plus belles , elles ont coutume de fe rayer le front , les joues ,
les poignets & les jambes avec la
pointe d'un ftylet , elles y mettent
enfuite une certaine poudre noire qui

empêche ces traces de s'effacer , leurs plus riches bracelets font des anneaux de bois faits par chainons.

La nourriture ordinaire des Arabes confifte en ris , coufcous , beure , viande & laitage : pour faire du pain , ils mêlent de la farine avec de l'eau dans un grand pot , la délayent jufqu'à la confiftance de pâte , en prennent des morceaux qu'ils applatiffent , & font cuire fous la cendre, ils mangent enfuite cela tout brûlant. Ils ne boivent que de l'eau.

Le chef des Arabes s'appelle *Cheik*, chaque Douar a le fien , ils ont pour armes des javelots qu'ils nomment *Azegayes*, & dont ils fe fervent avec tant de dextérité qu'à cinquante pas ils favent en percer un homme, ils portent auffi de larges couteaux qui

F v

reſſemblent aux poignards. Ils ſont bons cavaliers.

Lorſque les Arabes ſe rencontrent, s'ils ſont d'égale condition ils ſe baiſent à la joue, ſi c'eſt leur Cheik ou leur Marabout, ils ſe proſternent & lui baiſent la main. Ils ſe demandent les uns aux autres comment ſe portent leurs femmes, leurs enfans, leurs chevaux, leurs vaches, leurs bœufs & leurs poules, ils n'oublient pas leur chien ni leur chat, qu'ils ont en grande vénération, parce que le premier écarte les lions par ſon aboyement, & que l'autre nonſeulement fait la guerre aux rats & ſouris, mais encore parce qu'il détruit les ſerpents qui y ſont en grande quantité. Ce qu'il y a de remarquable en ce pays c'eſt que les lions qui y abondent ne craignent point les hommes mais feulement les femmes, tant eſt grande la puiſſance de ce ſexe enchanteur, qui, quoique foible fait enchaîner les héros à ſon char.

Les cérémonies du mariages ſont aſſez ſingulieres chez les Arabes. Celui qui veut ſe marier va trouver le pere de la fille qu'il déſire épouſer, lui demande ce qu'il veut en avoir ; ce marché conſiſte ordinairement en bœufs ou en vaches : les conventions faites, l'amant va chercher le bétail qu'il veut donner, l'amene à la baraque du pere qui dit alors à ſa fille qu'un tel eſt ſon époux. Alors elle ſe hâte de ſe revêtir d'une *Bernuche* blanche qui eſt une eſpece de longue robe ſurmontée d'un large capuchon, ſe rend auſſi-tôt dans ſa baraque & y attend fon époux. Le premier compliment que celni-ci lui fait en entrant eft de lui dire combien elle lui coute, à quoi elle répond qu'une femme vertueufe & fage n'eft jamais vendue trop cher. Il fe fait encore plufieurs autres cérémonies moins remarquables. Enfuite l'époufe fe met un voile devant les yeux, & le porte pendant un mois, pendant lequel elle ne fort point, parce que, dit-elle, elle porte le deuil de fa virginité.

Qand quelqu'Arabe eft mort, fa femme ou fa plus proche voifine fort auffi-tôt de fa tente, & fe met à crier ; les autres viennent fe mettre de la partie, toutes pleurent, fe lamentent, & s'égratignent le vifage jufqu'au fang. Le défunt eft enterré affis, fuivant la religion mahométane.

Quoique la vie des Arabes foit
bien miférable , ils n'en veuillent
jamais changer : qu'on les tranfporte
où on voudra , ils conferveront toujours de l'inclination pour l'indépen-
dance. Voilà tout ce que j'ai remarqué concernant ces peuples groffiers
& féroces qui rempliffent les campagnes de la Barbarie. Mais venons
maintenant à la relation de mon
voyage.

Après être forti d'Alger , nous
marchâmes pendant quelque temps
par des montagnes & des plaines qui
paroiffoient affez fertiles , nous arrivâmes bientôt à *Bugie* ou *Bougie* ,
cette Ville eft ancienne & bâtie par
les Romains , il s'y trouve de belles
mofquées & une citadelle entourée
de murailles couvertes d'infcriptions

très-curieufes, les maifons n'y font que d'un étage, il s'y trouve de beaux jardins plantés d'arbres charmans tels que des myrtes, des jafmins, &c. les rues de cette Ville font bien conduites, les femmes y font blanches & belles, elles ont pour la plûpart les cheveux noirs & luifants, les habitans de cette Ville font affez affables; ce qu'il y a de fingulier c'eft qu'étant Mahométans ils ne laiffent pas que de porter la marque d'une croix fur la joue ou fur la main; je crois en connoître l'origine: lorfque les Goths s'emparerent de ce pays, ils n'exigerent aucun impot des Chrétiens, ce qui faifoit que chacun vouloit paffer pour tel, c'eft pourquoi on ordonna aux Chrétiens de porter cette marque de diftinction, & leurs malheureux defcendans la portent encore aujourd'hui fans favoir pourquoi.

Nous entrâmes enfuite dans la province de *Gigeri* qui n'offre rien de remarquable ; il n'en eft pas de même de *Conftantine* capitale de la province du même nom : cette Ville offre par-tout aux curieux des précieux reftes de fon ancienne magnificence. On ne peut fe proméner au milieu de fes colonnes renverfées, de fes temples détruits fans éprouver un fentiment douloureux qui nous porte à pleurer fur les ravages des temps & les miferes humaines.

Nous nous approchâmes enfuite de *Bone* jadis Hippone, quelques perfonnes cependant veulent que *Bone* foit le château ou bourg appellé par faint Auguftin : *Caftellum*

Sinicenfe, quod Hypponenfi coloniæ vicinum eft.

Cette Ville eft bâtie en amphithéâtre fur le penchant d'une colline, fes murailles fes tours & fes portes paroiffent très-anciennes : audeffus de la Ville eft une forterelle qui la commande & que l'on dit avoir été bâtie par un roi de Tunis en 1500, elle eft affez réguliere, mais fans extérieur : entre cette forterefle & la ville eft le cimetiere des Turcs qui par la quantité de fes petits tombeaux de pierre blanche paroît être de loin une continuation de la ville.

Nons nous arrêtâmes un jour à Bone & cela me procura le plaifir d'aller voir les environs de la Ville. J'eus le loifir d'examiner les précieux reftes des ouvrages facrés du grand Auguftin ! Les ruines du monaftere

qu'il habita , & les décombres d'une
vaſte égliſe dont il exiſte encore une
arcade qui ſemble en avoir été le
portail , me firent éprouver un ſen-
timent reſpectueux mêlé de crainte
& d'admiration, un peu plus loin je vis
un bâtiment immenſe ruiné par le
temps, qui paroît être un amphithéâtre ; deſſous , ſont des cîternes
qui ſervoient ſans doute à recevoir
les eaux en grande quantité , ou
pour le beſoin des jeux qui s'y fai-
ſoient , ou pour être diſtribuées dans
la partie de la Ville d'Hyppone
ſituée au bas. Ce monument conſiſte
en un grand carré d'environ cent
pieds dont la façade qui ſe préſente
d'abord à la vue eſt ouverte par huit
grandes arcades qui font une eſpece
de galerie large d'environ douze
pieds. Le derriere de cette galerie

fermé d'une muraille est divisé en huit par des murs séparés qui répondent aux piliers des arcades & se terminent au fond du bâtiment contre la montagne ; chacune de ces séparations n'a de jour que par une espece d'œil qui est au haut de la voute & qui donne sur la plate-forme, cela fait paroître ces séparations comme autant de grands réservoirs. Ce qui me confirma dans cette pensée c'est que du côté de la montagne je vis une voute d'environ quatre pieds de large sur sept de haut, où j'apperçus des marques évidentes d'un canal qui servit long-temps d'écoulement aux eaux qui se séparoient dans les réservoirs. Quelques voyageurs peu instruits ont avancé que c'étoit là le monastere de saint Augustin, mais ils se sont trompés ;

je vis encore quantité de ruines fur la montagne voifine.

· Les rues de Bone font fort étroites, le fumier en fait l'ornement, & les cigognes qui y font en grand nombre y font un bruit perpétuel ; elles font leur nid fur les terraffes des maifons & les Turcs ne leur font aucun mal. Le commerce de cette Ville confifte en poterie.

Nous pafsâmes enfuite près du cap *Aroffe* j'y appercus la *Calle*, habitation occupée par des Européens qui y font la pêche du corail fous la direction de la compagnie du cap *Negre*, qui y a quarante vaiffeaux ou barques. La pêche fe fait à fix milles de la côte ; on jette des filets dans la mer qu'on traîne jufqu'à ce qu'ils s'accrochent à quelque rocher, d'où étant tirés à force de bras, le corail s'en arrache & tombe dans le filet ; on le porte aux Indes où il s'en fait un grand débit. Le corail jette une efpece de lait avec lequel il fe reproduit, le port de la *Calle* n'eft pas bien confidérable ; cette habitation eft entourée d'une forte muraille qui la défend contre les infultes des Maures.

Enfin nous arrivâmes devant Tunis : l'entrée fut folemnelle, tous les Officiers du Divan vinrent en corps recevoir le nouveau Bacha hors des portes de la Ville ; on tira plus de quinze cents coups de canons, *l'Aga* accompagné de deux tambours & de fes *Chaoux* ou huiffiers ouvroit la marche ; il étoit fuivi de l'écrivain & de vingt-quatre *Ajabafchis* qui font les confeillers du Divan : après eux marchoient deux à deux les

Bouloucbafchis ou Capitaine des Janif-
faires ; venoient enfuite les *Odabaf-
chis* ou lieutenans de la milice, la
muſique compoſée de haut-bois ,
cymbales & flûtes, fermoit la mar
che: à la ſuite de ce cortege mon
maître s'avançoit majeſtueuſement
revêtu d'une veſte blanche en ſigne
de paix, & monté ſur un cheval richement enharnaché ; le frontail étoit
d'argent & enrichi de pierreries,
le mors, les étriers de même, la
bride & les rênes étoient de ſoie
ornées de turquoiſes & la houſſe
étoit en belle broderie ; c'eſt ainſi
qu'il fit ſon entrée; on le conduiſit
au palais des Bachas au milieu des
acclamations du peuple , il entra
chez lui , & s'y enferma pendant
quelques jours pour ſe repoſer de ſes
fatigues.

Tunis eſt une Ville très-ancienne, elle étoit connue ſous le même nom du temps des Grecs & des Romains. Tite-Live en parle & dit qu'elle étoit ſituée à trois milles de Carthage; elle eſt à douze milles de la mer, & d'une aſſez vaſte étendue, il faut bien trois ou quatre heures pour en faire le tour; elle eſt bâtie en ovale, ceinte de ſimples murailles ſans tours ni fortifications, les fauxbourgs ſont murés; il s'y trouve une quantité prodigieuſe de moſquées dont pluſieurs ſont ſurmontées de belle fleches. La moſquée neuve eſt encore imparfaite, & eſt un gros dôme ſoutenu d'un triple rang de colonnes, elle a été faite, à ce qu'on dit, d'après le plan qu'en a donné un ingénieur François.

Les rues de Tunis ſont aſſez gran-

des ; on ne les nétoie jamais , & il
y a fi peu de police que dans celles
qui font peu fréquentées , on laiſſe
pourir les bêtes mortes, ce qui , avec
la chaleur du climat, y occaſionne
ſans doute ſi ſouvent tant de maladies
contagieuſes. Les deux côtés de
chaque rue font relevés en forme de
trottoirs , le milieu eſt rempli d'or-
nieres très-profondes & très-ſales :
comme il n'y a point de fenêtres
& que les maiſons font ſans toit ,
il ſemble que l'on marche entre des
murs de clôture. Il n'y a de beau
à Tunis que le *Bazar* ou marché ,
il conſiſte en deux rues qui ſe croiſent
preſque à angle droit , plus larges &
plus longues que les autres & toutes
couvertes , où font les marchands
dont les boutiques font aſſez bien
garnies, Quand on eſt placé au milieu

du carrefour on voit toutes ces rues, dont le second étage qui avance de cinq ou six pieds , est soutenu par de beaux piliers de marbre , ce qui fait une belle perspective dont l'enfoncement d'un côté est fermé par la monnoie qui est un beau bâtiment soutenu d'un double rang de colonnes.

Le *Foudouce* qui est le quartier des marchands François , consiste en trois ou quatre cours environnées de bâtimens à galeries dessus & dessous, où sont plusieurs appartemens occupés par des négocians ; un quartier est destiné pour les PP. Capucins qui y desservent la chapelle consulaire & les *Bagnes* ou prisons qui sont au nombre de treize, & qui sont gardées par des *gardiens Bachis*.

Le port de Tunis est fort éloigné de

de la Ville, le golphe de la *Goulette* qui le forme eſt difficile pour les vaiſſeaux d'une certaine groſſeur, qui, n'y trouvant point aſſez d'eau, ſont obligés de reſter au milieu & de charger leur marchandiſes dans d'autres petits bateaux pour les conduire à Tunis. On les appelle *Sandales*.

A une certaine hauteur vis-à-vis Tunis, on jouit du plus beau point de vue poſſible; l'on voit la plus belle baye de la Méditerranée ; elle s'ouvre d'abord par deux caps fort éloignés l'un de l'autre, elle ſe reſſere enſuite par deux autres caps, dont l'un eſt celui de Carthage du côté de *Porte Farine*, ſi célebre par la mort de ſaint Louis, & où l'on voit une petite Ville appellée *Ragebel*: l'autre eſt une pointe fort élevée qui

G

se nomme la montagne *de Plomb*,
parce qu'elle en a la couleur, elle
est du côté du cap *Bon*; entr'eux
deux est aussi une autre petite Ville
fort agréable, appellée *Solimaque*;
c'est d'entre ces deux caps que l'on
découvre le fort de la *Goulette* &
delà le fond la Ville de Tunis;
cette vue est charmante, d'un côté
l'on apperçoit les ruines de Carthage
& de l'autre une énorme montagne;
ces deux points de vue servent à
adoucir & à éloigner les côtes, les
arbres & les forts qui fuyent insen-
siblement, en se rapprochant vers
le point de vue où paroît dans un
éloignement imperceptible, la Ville
de Tunis qui semble sortir de derriere
le fort de la Goulette.

Les plus beaux édifices de Tunis
sont le palais du *Bacha-Dey*, mon

maître & celui du Consul de France.
Le premier a quatre superbes porti-
ques, plusieurs belles tours, une
grande cour, des jardins superbes,
des galeries richement ornées, &
des salles magnifiques. Il s'y trouve
une cour pour les Janissaires, une
bourse pour les négocians, une
douane & plusieurs autres palais où
demeurent les *Beys*, *l'Aga*, &c. Le
second est d'une architecture très-
réguliere, l'on voit d'abord une
grande cour carrée pavée en marbre
blanc & noir, au milieu de laquelle
est un beau bassin de marbre blanc;
des quatre côtés s'éleve un bâtiment
magnifique à deux étages, celui du
bas est plein par deux côtés, dont
les faces sont soutenues par de belles
colonnes, aussi bien que les quatre
côtés du second étage qui font autant

de belles galeries, dont toutes les colonnes, les chapiteaux & les corniches sont en marbre. L'ordre est Corinthien ; il y a seulement certains couronnemens faits avec des croissans entrelacés qui font un assez bel effet ; toutes les arcades ont aussi la figure de croissant renversé. Comme le jour n'y vient que par les portes qui sont à deux battans, on a pratiqué des cartouches ciselées par filagrames, qui sont d'une beauté & d'une délicatesse achevée ; l'intérieur de la maison n'est pas moins magnifique. Le *Safa* qui est la plus belle place est très-vaste : sur le careau de marbre sont tendus de grands tapis de Perse & de Turquie avec des coussins de satin & de damas rouge ; entre les pilastres de marbre, l'on voit de grands cadres dont le fond eſt de porcelaine à grands bouquets de fleurs ; le plafond qui eſt en gros relief eſt doré d'un or double, ce qui fait un très-bel effet.

Il n'y a ni puits, ni rivieres, ni ſources d'eau fraîche dans la Ville, mais ſeulement des cîternes pour garder l'eau de pluie. La grande ſéchereſſe qui y regne preſque toujours, & les incurſions des Arabes, font que le bled y eſt très-cher. Les habitans ſont quelquefois obligés de ſemer de l'orge & du ſeigle dans les fauxbourgs, & d'entourer leur champ de murailles : l'on y creuſe des puits ; & quoique l'eau en ſoit mauvaiſe on s'en ſert pour arroſer, on la tire avec une roue qu'un mulet fait tourner, & cette eau après s'être répandue dans pluſieurs petits canaux va rafraîchir le ſein de la terre &

porter par-tout la fertilité & la joie.

Les environs de la Ville font plantés d'arbres fruitiers, il y croît des orangers en ſi grande quantité, qu'on s'en fert pour faire du charbon; les citroniers, les palmiers, les dattiers & les oliviers préſentent par-tout des bouquets de fleurs & de fruits qui ſe balancent mollement ſur leurs têtes ondoyantes; près de Tunis eſt un petit endroit charmant appellé *Barbo*, & où il ne croît que des roſiers & des plantes odorantes. Les montagnes de ce pays font couvertes de buiſſons qui fervent de retraites à toute forte de bêtes féroces; il s'y trouve auſſi des cameleons, des ſinges, des autruches des faiſans & des perdrix.

Les habitans de Tunis font très-bien habillés, les femmes y font coquettes , aiment les effences & les parfums , & dépenfent beaucoup d'argent. Ils ont des mets finguliers , tels que leur *Befis* qui eft fait avec de l'eau, de la farine d'orge, de l'huile & du jus de citron. Ils fe fervent auffi d'un certain *Phyltre*; ils compofent un autre met qu'ils appellent *Laifis* , & dont les effets font étonnans ; celui qui en mange feulement une once devient fi gai qu'il ne fait que rire & danfer.

Tunis eft remplie d'artifans ; on y fabrique du drap très-bon & trèsfin ; les femmes , pour rendre le fil plus ferme & plus uni, laiffent tomber leur fufeau du haut d'un galetas jufqu'à terre. Le commerce de cette Ville confifte en draps , plumes d'autruches & chevaux barbes. Les revenus du Royaume de Tunis peuvent monter à deux cents mille ducats.

Près de Tunis est la Ville d'Utique si célebre par la mort de Caton ; ce n'est plus qu'un petit village : l'on voit encore dans les environs la Ville de Suze & de Marfa qui est bâtie près des ruines de Carthage.

Carthage !.... Ah ! ce nom ' Monfieur , réveille fans doute votre attention : hélas ! cette Ville si célebre & si cultivée autrefois, n'est plus aujourd'hui qu'un chétif village ou plutôt n'est plus rien. Que j'aime à me promener au milieu de fes ruines ! C'est-là que j'éprouve des fensations bien analogues à mon état préfent. Quand je fuis fur le bord de la mer , je crois entendre les paroles confolantes que le pieux Ænée addreffoit à fes fideles compagnons, lorfqu'il leur difoit qu'un jour ils aimeroient à raconter leurs malheurs. Penfée délicieufe, & qui fait couler la douce confolation dans moncœur! Quand je m'app roche de l'endroit où étoit cette Ville fuperbe, mes larmes coulent en abondance: je crois y voir la malheureufe & tendre Didon périr au milieu des flammes en tendant les bras à fon amant fugitif. Hélas! me dis-je alors, peut-être ma chere Eugénie a-t-elle déja penfé à fe dérober ainfi à la douleur que lui caufe mon abfence. Ah! loin de nous de telles idées! Ænée étoit un ingrat, un perfide; & moi fidele dans mes malheurs, je traverferois à la nage l'immenfité des mers pour aller mourir à fes pieds. Un profond filence fuccede à ces douloureufes penfées....

Mais bientôt je reviens à moi-même
& rappellant dans mon esprit la
gloire & la célébrité de l'illuftre
Carthage , cette cité terrible qui fut
long-temps l'émule de Rome , je
m'écrie : Quoi ! feroit-ce ici que
combattoient jadis les Scipions , les
Régulus , les Annibals , les Afdru-
bals & tant d'autres héros dont les
noms terribles qui faifoient trembler
l'Univers font écrits au temple de
l'immortalité ? Quoi ! C'eft ici que
naquirent & fléurirent tant de favants
en tout genre ? Carthage ! que tu es
changée ! tu étois autrefois la lumiere
de l'Afrique , & de ton ancien éclat
il ne te refte plus que la mémoire !
Souvent je crois entendre une voix
lugubre fortir des débris de temples
& de palais renverfés , & me dire :
« Etranger , ne foule point la cen dre

» des héros , refpecte cette terre fi
» fouvent teinte de leur fang , elle
» eft facrée, apprends de ces ruines
» à gémir & à pleurer fur les ravage
» du temps deftructeur & fur le
» néant des chofes humaines ». Je
quitte alors ce lieu en tremblant , &
reprénant la route de Tunis par des
allées bordées d'orangers, de palmiers
& d'oliviers qui exhalent les parfums
les plus fuaves , j'arrive chez mon
maître , & je me dis : Je fupporterai
mes malheurs avec fermeté , je fcel-
lerai , s'il le faut , ma religion de
mon fang , le Ciel convaincu de ma
fidélité me fera peut-être jouïr d'un
deftin plus profpere , & me recon-
duira dans les bras d'Eugenie , dans
les bras de mon amante , pour y
vivre & mourir en paix. Je fuis , &c.

LETTRE VI.

Tripoly, ce 1er Mars 1785.

MONSIEUR,

Infenfé qui fe fie aux faveurs de la fortune : n'aguere elle me fou-rioit, aujourd'hui elle me fait éprou-ver le plus funefte retour ! Mon maître me chériffoit, je l'aimois auffi ; je voyois avec plaifir que la fen-fibilité avoit humanifé fon cœur : mais, hélas! l'amitié que j'avois pour lui ne me rend maintenant que plus malheureux ; je viens de le perdre : il eft mort au moment même où tout un peuple s'empreffoit à lui rendre hommage. Il eſt mort, & moi je lui ſurvis, pour être ſans doute expoſé à toute la rage des Barbares. Cependant les calamités qui fondent ſur moi, ne pourront jamais m'ébranler : je conſerverai toujours ma fermeté, & continuerai mes obſervations.

A peine mon maître fut expiré, que nous vîmes accourir nombre de pleureuſes qui ſe mirent à pouſſer des cris effroyables, & à ſe déchirer le viſage : tous les premiers de la ville s'aſſemblerent autour du corps ; on apporta un cercueil de bois de cyprès, dans lequel on le dépoſa, on le couvrit d'un drap verd, ſur lequel on mit un Turban ; alors une des pleureuſes s'avança, ouvrit le convoi, & d'un ton lugubre ſe mit à chanter les louanges

du défunt : arrivé au lieu de la fé-
pulture, on lava fon corps, on le
vêtit richement, & on le defcendit
dans la foffe : on ne l'étendit point,
mais on le mit fur fon féant, les
pieds penchés, & la tête appuyée
fur fon coude droit, regardant vers
l'eft où eft la Mecque. Pendant
que les Marabouts le mettoient en
terre, je vis les perfonnes de qualité, prendre de petites pierres qu'elles
jetterent fur la foffe en difant :
Cebam a la, qui fignifie fans doute
la vie éternelle ou *le jour de Dieu*.
Après cette cérémonie, chacun s'en
retourna chez foi.

Je fus vendu quelque jours après
à un Renégat Trypolitain, qui me
fit enfermer dans une bague infecte
avec plufieurs autres efclaves qu'il
étoit venu acheter à Tunis : ce

malheureux nous maltraitoit à l'excès ; je tâchois de consoler mes compagnons d'esclavage, mais, hélas ! trois d'entre eux furent assez lâches pour renoncer à la religion de leurs peres : les Barbares s'étoient servis de ruses qu'ils appellent *avanies*, pour les gagner. Le premier qui étoit issu d'une famille distinguée, fut accusé devant le Divan d'avoir mal parlé de la Loi : il fut condamné au feu. Cependant on lui laissa le choix de prendre le Turban ; il persista long-temps, mais enfin le courage lui manqua. Comme il avoit d'excellentes qualités, & qu'on savoit qu'il étoit bien né, le jour qu'il se fit Musulman, fut célébré par une fête publique. Après lui avoir mis une veste blanche & un beau turban, on le fit monter fur un barbe fuperbe, & on le fit promener par la ville, tenant une fleche entre les doigts pour lui apprendre qu'il devoit dorénavant combattre pour la loi : fi cette fleche s'étoit échappée de fa main, on eût regardé cela comme un mauvais augure, & foudain les *chaoux* ou gardes qui l'accompagnoient , le cimeterre nud, feroient tombés fur lui , & l'auroient mis en pieces; car c'eft la coutume d'en agir ainfi toutes les fois que cela arrive.

Le fecond fut invité par un Turc à aller fouper chez lui : ce Turc avoit affemblé fes amis pour paf-fer la nuit à boire. Le captif eut le malheur de s'endormir : pendant fon fommeil, ils lui couperent les cheveux, & lui mirent un turban. Il fut bien étonné à fon réveil de se trouver en cet état ; mais il le fut encore bien plus lorsqu'il vit nombre de personnes venir lui rendre visite, & lui témoigner combien elles étoient charmées de le voir au nombre des fideles Mahométans. Ce miserable voulut s'en défendre, mais il ne lui fut pas possible : on l'accusa de vouloir renoncer à la religion qu'il avoit embrassée publiquement ; la vue des supplices l'épouvanta si fort, qu'il eut la foiblesse de se laisser circoncire.

Le troisieme étoit un Juif; il étoit endormi dans un recoin de la maison de son maître : des Renégats de sa religion vouloient le gagner ; ils introduisirent une femme dans son lit : le lendemain on l'accusa d'avoir abusé d'une femme Turque, ce qui est un des plus grands crimes en ce pays. Le pauvre Captif fut condamné à mort, & la femme à être jettée dans la mer, enfermée dans un sac. Mais tout cela n'étoit que fourberie : les parens & les amis de cette femme venoient trouver le jeune homme pour l'engager à se faire Mahométant, afin de se soustraire aux supplices qui lui étoient préparés s'il ne prenoit ce parti; d'ailleurs, qu'il devoit avoir pitié de la femme qui avoit été surprise avec lui; enfin, il consentit à prendre le turban, mais il fallut auparavant qu'il se fît Chrétien; car les Mahométans exigent cela des Juifs.

Les cérémonies ordinaires que l'on observe lorsque quelqu'un se fait Renégat sont assez curieuses. Le maître de l'afpirant, affemble chez lui tous fes amis, & lui demande en leur préfence s'il veut embraffer le Mahométifme; l'efclave répond qu'il le défire. Son maître lui fait enfuite lever l'index vers le Ciel, & prononcer ces mots : *la illah lla Mahomed recoul alla*, c'eft-à-dire : *Dieu eſt feul Dieu, & Mahomet eſt fon Prophete.* Après cela, on lui rafe les cheveux à la Mahométane, on lui met un turban, & on l'habille à la Turque : enfuite le maître conduit le nouveau fidele dans un appartement où l'on a préparé un beau feftin ; le Renégat eſt mis à la place la plus honorable. Après le repas, l'on appelle le chirurgien qui le circoncit en préfence de toute l'affemblée : il fe met au lit auffi-tôt après, où la douleur le contraint

quelquefois de rester assez long-
temps, on lui donne ensuite quelques femmes, & on lui assigne des
moyens pour subsister. Ces trois
malheureux resterent à Tunis, où
on leur donna des emplois; pour
moi, je fus conduit par mer à
Tripoly.

Le Renégat qui m'avoit acheté,
équippa un corsaire; comme il
n'avoit point assez de monde, il
enrôla quelques Janissaires dont les
femmes vinrent faire le sacrifice du
coq en notre présence, sur le bord
de la mer. Pour cet effet, elles allumerent un petit feu, y jetterent
de l'encens, de la myrrhe &
d'autres parfums; elles prirent ensuite un coq, lui couperent la tête,
arroserent le feu de son sang, en
abandonnerent les plumes au vent;

& après l'avoir dépiécé, elles en
jetterent une bonne partie dans la
mer. Ces bonnes femmes croyent
que par ce facrifice elles fe rendront
Mahomet propice, & que leurs
maris ne tomberont point entre les
mains des Chrétiens.

Enfin nous levâmes l'ancre de
devant le fort de la Goulette, &
après avoir falué d'un coup de canon
le grand Marabout qui y fait fa
réfidence, nous prîmes le large,
& fîmes voiles pour Tripoly. Nous
côtoyâmes cependant toujours la
Barbarie : bientôt nous apperçumes
la ville de *Carvan* où fe trouve une
belle mofquée remarquable, à ce
qu'on me dit, par deux colonnes
d'un rouge vif, éclatant & moucheté
de blanc comme le porphyre. Cette
ville eft le fiége du fouverain Pon-

tife & Vicaire de Mahomet : les Arabes croyent que ceux qui y font. enterrés, feront tous fauvés, parce qu'ils participent aux prieres de leur Pontife. Les grands Seigneurs fe déchauffent par refpect toutes les fois qu'ils entrent dans cette place : ils y font bâtir des mofquées, & leur affignent de groffes rentes. Nous vîmes enfuite les îles de *Tabarca* & de *Galita* où il fe pêche beaucoup de corail ; enfin, après quatre jours de traverfée, nous parûmes devant Tripoly : le *Ray* ou Capitaine fit arborer le croiffant, car il le cache lorfqu'il eft en pleine mer, de crainte d'être furpris par un vaiffeau plus fort que le fien ; & par ce moyen, il trompe les navires marchands qui croyent que c'eft un vaiffeau François ou Efpagnol, puifqu'il en porte le pavillon. Nous ne rencontrâmes aucun brigantin Malthois, & nous arrivâmes fans avoir éprouvé aucun danger.

Le Port de Tripoly eft très-beau & très-commode, il reffemble à un croiffant, & occupe toute la face de la ville ; l'ouverture eft entre le nord & le levant, d'un côté eft un rideau de rochers joints par des tours, & des jettées qui font une efpece de môle fur lequel il y a du canon, entr'autres il y en a deux groffes pieces ; fur l'une qui porte les armes de l'Empire, on lit ces mots : *Maximilianus Dei gratiâ electus Romanorum Imperator, femper Auguftus, Germaniæ, Hungariæ & Burgundiæ Dux.* 1519. L'autre piece eft de fabrique Turque, toute fimple, mais très-groffe.

C'eſt derriere ces rochers & ce môle que ſe forme une eſpece de golphe où mouillent les vaiſſeaux de guerrē : le Château eſt vis-à-vis de ce môle, à l'autre extrêmité du port. On dit que c'eſt Charles-Quint qui le fit bâtir à une demi-lieue de la ville : il y a encore un fort qu'on appelle le fort des *Anglois*, il ſert à garder le port de ce côté-là.

Tripoly a deux portes flanquées chacune de deux fortereſſes, & entourées de bonnes murailles. L'étendue de cette place n'eſt pas bien conſidérable, elle eſt cependant aſſez peuplée de Turcs, Maures & Juifs qui y ont des Synagogues; il s'y trouve auſſi beaucoup d'Eſclaves Chrétiens. Les mœurs des habitans ſont les mêmes que chez tous les peuples de Barbarie, ils

ſont

font cependant encore plus adonnés aux pyrateries, parce que la fitua-tion de leur ville les favorife étant placée fur la route que prennent ceux qui font commerce aux échelles du Levant.

Près de Tripoly eft une fontaine d'eau chaude que l'on conduit dans la ville à la faveûr d'un aqueduc ; peu de perfonnes s'en fervent ; cependant comme l'eau y eft rare, on la laiffe réfroidir, & les gens du commun la boivent faute d'au-tre : elle ne défaltere pas beaucoup, parce qu'elle eft trop foufrée. Près de cette fontaine eft un lac qu'on appelle le lac du *Lépreux*, parce que fon eau a la vertu de guérir ceux qui font attaqués de cette maladie.

Tripoly eft fitué dans un pays plat & fabloneux, la féchereffe y eſt extrême, auſſi le bled y eſt-il fort cher; cependant les campagnes des environs ſont couvertes de dattiers, d'orangers, de citroniers & de lotes, dont les naturels du pays ſont d'excellent vins : ce fruit eſt très-doux, d'un goût exquis, & ſi renommé, qu'il a fait appeller jadis *lotophages* les peuples de cette contrée; il s'y trouve encore un fruit peu connu, que les Arabes appellent *Halbazis*. Il croît & fructifie ſous terre, & a le goût d'amande.

On fabrique à Tripoly beaucoup d'étoffes, ce qui fait vivre les habitans qui ſont preſque tous très-pauvres, parce qu'on les ſurcharge d'impôts. Les revenus de cette ville peuvent monter à cent mille ducats qui proviennent des douanes, des taxes que l'on met ſur les Juifs, &

des levées qu'on envoie faire tous
les ans à la campagne.

Si nous devons en croire l'Hiftoire, Tripoly a bien perdu de fon
ancienne fplendeur : elle étoit autrefois connue des Romains fous le nom
d'*Oea* ; l'Hiftoire Eccléfiaftique nous
apprend que, dans les premiers
fiecles elle donnoit le nom à toute
une province, & faifoit un fujet de
conteftation entre Carthage &
Alexandrie dont les Prélats comp-
toient l'Evêque de Tripoly ou d'*Oéa*,
au nombre de leurs Suffragans. Les
Coptes comptent auffi cette ville
entre les anciens Evêchés de leur
communion ; mais à préfent elle fe
fent de la barbarie des peuples qui
ont fuccédé aux Romains & aux
Chrétiens, & qui l'occupent depuis
onze ou douze fiecles. La ville eft

peu de chofes, les maifons en font fort baffes, n'ayant pour la plupart que dix-huit ou vingt pieds de haut, fans fenêtre & en plate-forme, felon l'ufage du pays. Les Turcs font fi peu curieux de la propreté de la ville, qu'ils ne fe donnent pas la peine de réparer les ruines occafionnées par le dernier bombardement qui s'y fit ; enforte que la plupart fortent de leurs maifons demi - renverfées comme des renards de leurs tanieres. On y voit un Palais abandonné & pref- que détruit, qu'on dit avoir fervi de demeure aux Chevaliers de Malthe, dans le temps qu'ils étoient en poffef- fion de cette ville ; il paroît qu'il étoit incrufté de petits pavés de faïance, qu'il étoit de trois étages, & que con- tre l'ordinaire il avoit des fenêtres.

Près de cette ville, du côté de la

porte de la Marine, je vís un monument antique qúi me parut aífez confidérable: c'eft un arc de triomphe à quatre face, d'une grande arcade de chaque côté, dont les deux font accompagnées chacune de deux petites portes carrées. A l'orient la face eft ornée au-deífus de deux petites portes où font repréfentés en relief fur deux médailles deux Empereurs, enrichis de quelques figures de Cupidons aífez informes. A cette face, & à celle qui regarde l'occident, j'ai remarqué des figures de Louves que les Romains étoient aífez curieux de mettre dans leurs ouvrages, pour perpétuer la mémoire de Remus & de Romulus qu'ils tenoient avoir été allaité par cet animal. Je vis au défaut de la corniche du côté du couchant, ces

H iij

mots gravés en caractere Romains.
Viro Arminiaco Silvirio flamen per-
petuus marmori solido fecit, & fur
le retour de la même corniche du
côté du midi, tout effacé, excepté
ces mots qui en font la fin , & qu'on
a bien de la peine à lire : *Imper-*
petuus fecit. Les bafes des colonnes
font accompagnées de bas-reliefs où
font reprélentés des hommes habillés
à la Romaine : au-deflus font des
trophées d'armes avec des figures
de colombes dont quelques - unes
font percées d'une fleche. Il ne m'a
pas été poffible de bien voir exac-
tement les quatre faces, parce que
des maifons qui y font adoflées m'en
déroboient la vue. Cet édifice eft
bâti en grofles pierres de marbre
blanc, pofées à fec, avec fi peu
de liaifon , qu'il femble que ce foit un

ouvrage fait depuis peu. Par les chapiteaux qui couronnent les pilaftres
dont on voit encore quelques morceaux, on connoît que l'ordre étoit
Corinthien. Les proportions y font
peu exactes, les arcades font plus
larges que hautes, les pilaftres trop
courts, & les bas-reliefs qui fortent
à moitié de terre feroient croire
qu'on auroit exhauffé le fol autour
de cet édifice; du refte, l'architecture eft affez délicate. Il me fut
impoffible de voir l'intérieur qu'on
dit être beaucoup plus curieux, parce
qu'il étoit rempli de marchandifes.
Les Maures m'affurerent qu'on n'ofoit
point y habiter, parce que les Démons, difent-ils, s'en font emparés,
& y font toute les nuits un bruit
effroyable, ce qui prouve qu'en
Afrique on fait à-peu-près les mêmes

contes qu'en France pour les lieux inhabités.

Il paroît qu'il n'y a dans cette ville que cinq mosquées dont la principale a été bâtie par *Ofman Dey* ; il eſt défendu aux Chrétiens d'y entrer ſous peine du feu, ou de prendre le turban. Cependant un heureux hazard me procura le plaiſir de voir la plus belle.

Le portail de cette moſquée eſt tout de marbre, d'une architecture noble & ſimple, les chapiteaux des pilaſtres ſont formés de pluſieurs croiſſans entrelacés, ſelon l'uſage des Mahométans ; les murs ſont en compartimens faits de petits carreaux de marbre & de porcelaine, ſur un fond de belle pierre blanche, percés de pluſieurs fenêtres à hauteur d'apui. La couverture eſt

une vafte terraffe, relevée avec beaucoup d'ordre, par des efpeces de
demi-globes qui font comme autant
de petits dômes, avec une fleche très-
haute, furmontée d'un croiffant.
Le *lavoir* ou bain facré eft dans
la cour, c'eft une galerie qui peut
contenir quarante à cinquante perfonnes très-commodément; il y a
une douzaine de robinets qui jettent
de l'eau dans un canal de marbre où
les Turcs vont fe laver avant que
d'entrer dans la mofquée. Les fenêtres
font barrées de grilles de fer : cette
mofquée reffemble à une vafte falle
à trois rangs de colonnes de marbre ; la terre n'eft couverte que
de nates de jonc très-fins, fans
pavé, ce qui eft chez les Turcs un
point de religion : il s'y trouve fept
ou huit luftres de fer à plnfieurs

H v

branches d'où pendent des lampes ardentes, & des œufs d'autruches. On y voit deux chaires dont l'une sert aux Mouphtis pour prêcher, & l'autre qui est comme une niche pour faire la priere, ouvrages gothiques & dorés, terminés par des pyramides surmontées de croissans; tout autour sont des galeries ou tribunes, le tout fort propre & fort riche.

Près de cette mosquée est le tombeau ou mausolée du fameux *Osman Pacha*, & de sa famille; c'est un dôme assez bas, sous lequel il y a quatorze tombeaux de marbre ornés d'obélisques, entre lesquels celui *d'Osman* se distingue par sa hauteur, il est éclairé de deux grands lustres de cuivre : on y voit aussi un drapeau suspendu, & par une diſtinction qui n'eſt pas ordinaire aux Turcs, ce mauſolée eſt dans la ville, les autres tombeaux ſont dehors, ils occupent un grand terrain ; on les voit d'aſſez loin, parce qu'à chacun il y a une pierre élevée au-deſſus de la terre avec deux pyramides aux deux bouts ; on voit ſur pluſieurs des caracteres Arabes.

Les tombeaux des anciens idolâtres ne ſont pas loin delà, dans un lieu où ſelon toute apparence, étoit la ville d'*Oea.* C'eſt-là qu'on envoie ſouvent les eſclaves tirer de la pierre, où ils ſouffrent conſidérablement ; il faut qu'ils remuent des monceaux immenſes de ſable brûlant, ſous leſquels on trouve des carrieres d'une pierre blanche & d'un grain fin, qui apparemment étoient autrefois bien plus décou-

yertes, puifque dans beaucoup d'endroits elles font taillées en tombeaux.
On y trouve des marques du paga-
nifme, telles que des urnes de verre
de deux pieds de haut, dont l'ori-
fice eft fort étroit, remplie d'os brifés,
nageant dans une certaine liqueur
inconnue & fans odeur. On y trouve
auffi des plats de toute grandeur,
des affiettes, des falieres, des petites
cruches de plufieurs façons, avec des
coupes en terre-cuite, des petits poin-
çons d'ivoire, quelquefois même des
œufs qui fe réduifent en pouffiere
dès qu'on les met à l'air.

Les bains de Tripoly paffent pour
les meilleurs de toutes les côtes
d'Afrique. On y entre d'abord par
une grande falle carrée, & ter-
minée en dôme, dont le haut eft
percé de petits trous carrés, &

en fi grand nombre, qu'il y a prefque autant de vide que de rempli; tout autour de cette falle font des efpeces de canapés de pierres couvertes de natte de jonc : au milieu eft une fontaine affez élevée; à l'entrée eft le bureau du gardien du bain , les habits y font fidélement gardés. De cette falle on paffe dans un petit veftibule qui eft médiocrement échauffé, & où ceux qui prennent le bain s'arrêtent quelque temps afin de n'être pas furpris par la trop grande chaleur. On entre enfuite dans la falle du bain, qui eft auffi grande que la premiere; le dôme en eft plus obfcur, & le pavé eft de grands carreaux de marbre blanc : au milieu eft une efpece d'eftrade du même marbre , de fept à huit pieds en carré , & d'un pied d'élévation ;

c'eſt-là où l'on ſe repoſe , & où par
la grande chaleur du lieu, de l'eau,
& la dextérité des Noirs, on ſe trouve
bientôt baigné dans ſa propre ſueur ;
tout autour des murs ſont de petits
robinets, par le moyen deſquels
on prend l'eau ſelon les divers de-
grés de chaleur qui ſont néceſſaires.
Ces eaux ſont naturellement très-
chaudes , & viennent d'une fontaine
qui eſt hors de la ville, & dont
j'ai parlé : on dit qu'elles ont la
vertu de guérir les rhumatiſmes ;
l'écho de la ſalle du bain eſt ſi
fort, que le moindre bruit y re-
tentit d'une maniere extraordinaire.
Dans les environs de Tripoly, l'on
trouve des lions, des tigres, des cameleons, des gazelles & des autruches ; c'eſt-là que l'on voit de ces
moutons ſinguliers, dont la queue

qui reſſemble à une raquête, peſe
juſqu'à vingt cinq livres. Il y en a
d'autres qui ont le poil ras comme
les chevaux, & l'on en voit qui ont
juſqu'à ſix cornes, c'eſt ſur cette
côte que l'on rencontre les *Requins*,
ces poiſſons voraces qui ſont ſi re-
doutables aux nageurs.

La nouvelle ville de Tripoly,
connue ſous le nom de *Miſſie*, n'eſt
éloignée de la vieille que d'une
demi-lieue ; on n'y voit que des maiſons de plaiſance qui ſont entourées
de beaux & vaſtes jardins remplis
de toute ſorte d'arbres fruitiers, &
fermés par des ceintures de palmiers
dont les têtes s'élevent au-deſſus de
tout le reſte. On ne voit dans ces
jardins ni allées alignées, ni broderies, ni jets d'eau qui font l'ornement
des jardins François ; mais en re-

compenfe , on y voit des arbres charmans qui joignent par-tout l'utile
à l'agréable ; le fruit mûr s'y préfente à côté de fa fleur , & l'orange
dorée mélant le parfum de fon écorce
à ceux qu'exhalent fes bouquets fleu-
ris , récrée l'odorat , le goût & la
vue.

Depuis que je fuis ici , je n'avois
pas encore pu voir aucun Captif
dè ma nation ; le féroce Renégat
qui m'avoit acheté , m'avoit toujours refufé cette confolation ; mais
ces jours derniers je profitai d'un
jour de fête pour me fatisfaire fur
ce point , je volai au principale bagne
de la ville ; mais je n'y trouvai que
des efclaves Maures & Noirs , les
autres étoient allés voir leurs freres
enfermés dans la *galere de terre* , qui
eft une prifon éloignée de la ville

où l'on enferme les Captifs qui travaillent à la campagne. J'exami-
rai à la hâte le bagne où je m'étois
empreſſé d'accourir , il conſiſte en
grandes voûtes longues & larges,
éclairées par le haut ; on a pratiqué
dans les deux murs de part & d'autre ,
des enfoncemens en arcades , dont
le centre va juſqu'à la voûte ; c'eſt
dans ces arcades où il y a pluſieurs
étages de planches les unes ſur les
autres que les eſclaves couchent : ils
ſont ordinairement cinq ſur chaque
étage , & ils y montent par des
échelles de cordes. Ce bagne peut
en contenir cinq cents : il eſt terminé par un Autel, ſéparé du reſte
par un rideau, & où on dit quelquefois la Meſſe pour les eſclaves.

Je me hâtai de me rendre à la
la *galere de terre* ; j'y trouvai mes

compatriotes dans l'alégreſſe , ce qui m'étonna fort. Ils vinrent m'embraſſer , & me dire qu'on alloit racheter tous les eſclaves qui étoient en Barbarie. Je crus d'abord qu'ils n'en agiſſoient ainſi que pour me conſoler : cependant on en parle toujours ; enfin , hier, un eſclave vint me dire avec la permiſſion de ſon maître , que le marché étoit conclu , que nous allions partir au premier jour pour Alger, d'où nous ferions la traverſée tous enſemble. Nous ne pouvons aſſez rendre graces aux ſoins paternels qu'ont pour nous les Chanoines réguliers de la Sainte Trinité ; ils ont enfin vaincu tous les obſtacles , & ont obtenu de notre Roi la permiſſion de nous racheter. Quelle joie ! Quelle alégreſſe reſſentiront ces vertueux Re-

ligieux, lorfqu'ils verront le fils fe
précipiter dans les bras de fon pere
qui l'aura attendu fi long-temps au
port; lorfqu'ils verront l'époufe éper-
due voler au devant de fon époux,
l'embraffer tendrement fans pouvoir
lui parler, en lui montrant les précieux gages de fa tendreffe. Cette foule
de miferables auxquels j'aimerai toujours à me joindre, n'élévera dorénavant la voix que pour attirer
les bénédictions céleftes fur cet Ordre fi cher à l'humanité.

Il va donc m'être permis de
revoir ce que j'ai de plus cher au
monde ? Avec quel tranfport je fau-
terai hors du vaiffeau pour me jetter
dans les bras d'Eugénie & de fon
pere, qui m'attendent au rivage !
Mais, que dis-je, peut-être ces perfonnes chéries ne font plus ! . . . .

peut-être la douleur les a précipité au tombeau ! . . . . Fuyez , ha, fuyez , réflexion défolante : le Ciel eft trop jufte pour ne point recompenfer ma fidélité ; oui , il a confervé les joùrs de ma chere Eugénie & de fon tendre pere, il les a confervés , dis-je , ces jours , pour les voir unis aux miens par les liens les plus doux & les plus facrés. Je fuis , &c.

LE Ciel a enfin exaucé les vœux des ames fenfibles : les cris & les fanglots de tant de miférables gémiffant dans la plus cruelle des fervitudes viennent enfin de fe faire entendre, porté par la religion jufqu'au pied du trône de l'augufte Monarque qui gouverne la France, & en fait les délices. Une grande partie de ces malheureux ne méritoient point à la vérité de pardon : plufieurs étoient coupables de défertion & d'infidélité à leur patrie & à leur Prince. Mais que ne peut la clémence chrétienne tenant le fceptre paifible du plus bel Empire de l'Univers ? Sa Majefte Louis XVI, qui eft au-deffus de toute louange, vient de donner une nouvelle preuve de fa bienfaifance, en permettant

aux deux Ordres de la Sainte Trinité, & de Notre-Dame de la
Mercy, de racheter les Captifs
François détenus en Barbarie. Ces
zélés Religieux crurent que pour
épargner les frais de voyage &
de préfens, il étoit plus con-
venable de prier Monfieur le Conful
de France à Alger de vouloir bien
gérer les affaires de cette rédemp-
tion, qui s'exécuta on ne peut mieux
par fes foins; c'eft une des plus confidérables que l'on ait vue depuis
la fondation de ces deux Ordres,
dont les inftituts fi chers à l'humanité, n'ont pour but que le foula-
gement des malheureux. Tout étant
heureufement terminé, la frégate *la
Minerve* partit de Toulon pour Alger,
au commencement de Juin, & revint
mouiller dans la rade de Marfeille,

le huit juillet fuivant. Les Commif-
faires de fanté s'étant rendus fur
fon bord, crurent qu'il étoit abfo-
lument néceffaire qu'elle fit toute la
quarantaine, vu qu'elle portoit plufieurs malades, & qu'à fon départ
d'Alger, il régnoit dans cette contrée des maladies contagieufes. La
frégate aborda au *Lazaret*, & l'on
fit débarquer tous les Captifs au
nombre de trois cents quatorze, dont
un mourut pendant la quarantaine.

Munis des patentes de Sa Majefté,
& des pouvoirs de Monfeigneur
l'Evêque de Marfeille, MM. les
Députés des deux Ordres fe hâterent
de fe rendre auprès d'eux. Quelles
fenfations produifit dans les cœurs
de ces Religieux le fpectacle atter-
driffant de tant de Chrétiens arra-
chés à la rage des Barbares! Tous

venoient fe jetter à genoux devant eux , baifer leurs mains généreufes, & confeffer à leurs pieds tous leurs égaremens , en leur demandant avec inftance le pain des Anges dont ils avoient été privés fi long-temps.

Enfin le temps de la quarantaine étant expiré , après s'être conduit d'une maniere édifiante & irréprochable , tous les Captifs fortirent du *Lazaret* après avoir paffé par les parfums , le 16 d'Août fuivant. Les Religieux des deux Ordres les allerent recevoir fur le rivage, accompagnés de toute les perfonnes recommandables de la ville : l'entrée fut des plus pompeufes & des plus folemnels : le fon des cloches, les décharges des canons, des boîtes fe mêloient majeftueufement aux fanfares & aux acclamations du peuple. Le lendemain , 17

du

même mois, l'on marcha toute la
journée processionnellement par les
rues, & l'on reçut des aumônes
en abondance. Tous les Captifs de
Marseille & des environs, après
avoir reçu des habits & de l'argent
pour leur route, se rendirent chacun chez eux. Les autres au nombre d'environ deux cents, partirent
pour Aix, où ils firent des procef-
fions, au grand contentement de
toute la ville, qui, ainsi que toutes
celles où ils passerent, ne cessa de
manifester son zele jusqu'à leur départ ; les aumônes furent par-tout
considérables, tant il est vrai que
l'homme est bon, & que la sensi-
bilité de son cœur ne paroît jamais
mieux que dans ces grands specta-
cles.

APPROBATION.

J'AI lu par ordre de Monseigneur le Garde des Sceaux, un manuscrit ayant pour Titre, *Voyage dans les Etats Barbaresques de Maroc, Alger, Tunis & Tripoli, &c.* Je crois que cet Ouvrage intéressant, & la charité des Chrétiens qui gémissent de savoir leurs freres dans l'esclavage, & la curiosité de ceux qui aiment à connoître les mœurs des nations étrangeres ; il sera utile au bien de l'humanité & au progrès des connoissances, d'en permettre l'impression. A Paris, ce 23 Août 1785.

MENTELLE.

LISTE

Des trois cents treize Esclaves François rachetés à ALGER en 1785 & arrivés à Marseille le 9 Juillet de la même année.

Noms & surnoms.	âge.	durée de l'esclav.	Patrie.	Diocèse.
J. Filiou,	59 ans	30 ans	Servian,	Beziers.
P. Besson,	60	17	Rans,	Besançon.
L. Gontieres,	54	28	Trun,	Séez.
J. Touchard,	63	23	Manseigne,	Mans.
F. Guioffre,	60	28	Bréan,	St. Brieu.
M. Poidevin,	80	30	Cherbourg,	Coutance.
J. Giraud,	55	25	S. J. de Luz,	Bayonne.
L. Thévené,	57	23	S. L. de la Ro-che,	S. Claude.
J. Charon,	52	21	Thionville.	Metz.
T. Nivet,	68	35	Monferrer,	Perpignan
P. Bagnol,	40	20	Né en Capsi,	Perpignan
M. Gergois,	44	21	S. Fourg. le m.	Limoges.
E. Tyrion de Briel.	58	21	Dieuse,	Metz.
F. Pérignon,	46	20	S. Remi,	Verdun.
P. Tourron,	46	17	S. Vincent,	Carcassone
J. C. de Mouge,	45	20	Dup. Malzau,	Besançon.
J. Léveillé,	57	20	Andouillet,	Mans.
G. Pichon,	39	20	S. Martial,	Bourges.
J. David,	52	18	Méziere,	Rennes.
J. Sala,	46	16	S. Charrost,	Montaub.
N. Brade,	60	19	S. P. d'Avalon,	Autun.
G. Foix,	45	18	Lasse,	Clerm. Au
R. Renaud,	55	17	S. Hil. en Chat.	Orléans.
J. Roch,	50	17	Caussade,	Cahors.
P. Vierron,	46	17	Lamignade,	Angers.
B. de Jonquiere,	70	17	Arcagnac,	Rhodez.
J. Lacroix,	55	18	Sors,	Ax.
P. Boyer,	54	18	Vilignon,	Angoule.
P. Durin,	43	18	S. J. de Luz,	Bayonne.
J. Roux,	58	18	Aups,	Fréjus.
E. Cassegrain,	45	18	Anberron,	Orléans.

Noms & surnoms.	âge.	durée de l'esclav.	Patrie.	Diocèse.
N. F. Fenouquet,	48 ans	17 ans	Abbeville,	Amiens.
J. B. Fournel,	64	17	Cherbourg,	Coutances.
L. Robert,	55	16	Ste. Croix,	Metz.
L. Bridou,	46	15	S.J.d'Amiens,	Amiens.
B. Magnac,	50	16	N.D.d'Armill.	Agen.
A. Darmet,	44	16	Génai,	Lyon.
F. Marié,	46	15	S. Sulpice,	Orléans.
P. Pibrac,	48	18	Auradou,	Poitiers.
A. Mercier,	42	16	N.D. BarleDuc,	Toul.
J. Moriseau,	65	15	S. Martin,	Autun.
J. Blanchard,	50	14	Courgni,	Limoges.
J. la Place,	59	16	Gelos,	Lescar.
A. Bigot,	56	15	Quoat,	Alet.
C. Séguin,	48	15	S.P. la Ferté,	Clerm. Au
P. Benoît,	47	13	S. Cys,	Digne.
P. Chevigni,	50	14	Bardos,	Bayonne.
F. Aurin,	42	16	S. Samson,	Beauvais.
F. Granjeu,	45	13	Contreve,	Belley,
A. Jarry,	43	14	S. Pierre,	Tulles.
J. Roturier,	48	12	Calvisson,	Nismes.
F. Maguin,	50	15	S. Cyr,	Bourges,
J. L. Fusil,	55	14	S. Martin,	Besançon,
P. Jappin,	47	12	Loisy,	Chât.f.M.
P. Molinat,	32	11	Gratelou,	Agen.
J. Bouche,	43	13	Courbevoye,	Paris.
L. Ardouin,	60	13	Briançon,	Embrun.
C. Mayer,	38	18	S. Eustache,	Paris.
L. R. Dalard,	41	13	S. P. de Vill.	Sens.
D. Audon,	53	12	Ste. M. de M.	Langres.
F. Arbaud,	35	12	Draguignan,	Fréjus.
P. Bonnet,	36	12	N. D. Dijon,	Dijon.
P. Dignac,	30	12	Chambouill.	Limoges.
P.F. Grémillet,	38	12	Preuve,	Boulogne.
L. A. Frézier,	39	14	Navauson,	Anneci.
J. B. Labadie,	34	10	Dognen,	Oleron,
J. Grenier,	42	12	Roquemaure,	Avignon.
F. D Milon,	45	12	S. Hilaire,	Paris,
F. Negrier,	40	12	Moulins,	Autun.
G. Mesclo,	40	17	Montmort,	Gap.
D. Eymar,	45	12	Huil-sur-Saon,	Dijon.
C. Garrachon,	75	12	Noëuilles,	Clerm. A
J. L. Bailleul,	40	12	S. Gervais,	Paris.

Noms & surnoms.	âge.	durée de l'esclav.	Patrie	Diocèses
C. A. Merveau,	46 ans	12 ans	Brena ,	Dole Fr. C.
B. Refreignier,	38	11	S. Etienne ,	Dijon.
P. Maillet ,	42	12	S. André ,	Angoulem.
F. Mougin.,	45	13	Boujecourt ,	Bezançon,
G. Doriac ,	32	13	Traverse ,	S. Flour.
J. M. Pellet ,	44	12	Brest ,	S. P. de Leon
M. Lavergne.	39	12	Nismes S. Jean ,	Nismes.
E. Bringuet ,	35	12	S. Vincent ,	Carcassone.
D. Briclard ,	49	12	Chevigny ,	Autun.
A. Arnal ,	34	12	Campagnac ,	Rhodez.
M. Masson ,	53	12	S. Léon ,	Toul.
J. Lacour ,	40	12	Branous ,	Usez.
C. Maître ,	40	12	Savanes ,	Lyon.
S. Croiset ,	50	12	Castel Sarazin,	Montaub.
M. Brondel ,	60	12	Crisval ,	Metz.
J. Gomere ,	43	13	Roquevaire ,	Marseille,
J. B. Rameau,	41	12	Montels ,	Couzerans.
F. Paris ,	82	11	S. Foi le grand,	Agen.
J. Rousseau ,	36	12	Calvisson ,	Nismes.
J. Olivier.	40	14	Courrens ,	Fréjus.
L. B. Rudemar ,	44	12	Montiviliers ,	Rouen,
J. Triugnet ,	43	11	S. Antonin ,	Rhodez.
J. B. Pradel ,	43	11	S. Jacques ,	Montaub.
P. Caffin ,	32	10	Faux ,	Comming.
F. Dupuy ,	59	17	S. Etienne ,	Agen.
A. Menouze ,	45	19	S. Etienne ,	Cahors.
J. Banot ,	39	12	Mouss.	Bazas.
F. Collet ,	42	12	Geviniclenone	Verdun,
J. Cornet ,	37	12	S. R. d'Urfé ,	Lyon.
L. J. Malus ,	38	11	S. G. l'Auxerrois,	Paris.
J. Vezian ,	40	12	Bergerac ,	Perigueux.
E. Loiset ,	37	11	Cleville ,	Coutances.
B. Charmeton ,	36	10	S. H. de Grenob.	Grenoble.
C. Gérard ,	40	11	S. Jean ,	Dijon.
A. Tournemelle,	40	11	Séri ,	Langres.
P. Molleron ,	36	12	Rilla la Flour ,	Limoges.
J. Blairet ,	42	11	Vezou ,	Besançon.
J. Desbordes ,	43	11	Chinon ,	Tours.
D. Grillet ,	45	10	Bellevebre ,	Besançon.
R. Renaud ,	44	12	Counques ,	Carcassone.
F. Dastugues ,	55	10	La Daurade ,	Toulouse.
A. Faver	43	10	S. Chamont ,	Lyon.

Noms & surnoms.	Age.	durée de l'esclav.	Patrie.	Diocèse.
J. B. Crèvoisier,	50 ans	10 ans	Servans ,	Besançon.
J. Martel ,	50	9	Bédarieux ,	Béziers.
D. Laplace ,	29	10	L'Hôtel-Dieu ,	Lyon.
J. Caution ,	86	11	S. M. delaPalu ,	Angers.
J. B. Rigal ,	64	10	Barriac ,	Clerm.
J. Renaud ,	33	9	S. Germain ,	Rennes.
G. Bonot ,	51	9	Farges ,	Chalonss.
N. Vasseur ,	42	9	Serque ,	S. Omer.
D. Bernardel ,	37	9	Damber en Bb.	Clermont.
C. Jorry ,	46	9	Varennes ,	Rheims.
L. Guerin ,	45	10	S. Clair ,	Séez.
F. Baulieu ,	67	10	Gana en Bb.	Clermont.
P. Papinau ,	41	9	Codiers ,	Alet.
J. Tesferre ,	36	8	Ruide ,	S. Flour.
F. Bosquet ,	41	9	Villemure ,	Montaub.
M. Bonnet ,	30	10	S. Jaques ,	Perpignan.
M. Auffrane ,	36	10	Bauori ,	Autun.
M. Tachon ,	35	9	Trevoux ,	Lyon.
J. L. Loiselet ,	43	9	Lineuville ,	Metz.
F. Mansouie ,	53	9	Cernai ,	Bâle en Als.
J. Montenon ,	41	7	Chavena ,	Angoulêm.
J. De la Remen- diorena ,	34	7 7	Bargori ,	Oleron.
R. Paschal ,	36	7	Banes ,	Viviers.
J. Martin ,	30	9	Ste. Magdel.	Aix.
P. Catala ,	32	7	Trousse ,	Narbonne.
J. Croiset ,	36	8	S. Godens ,	Comming.
B. Delrieux ,	44	8	Bresfac ,	Pamiers.
J. Coumoulera ,	28	8	Teillet ,	Mirepoix.
A. Berland ,	34	7	Charoles ,	Autun.
L. Legain ,	38	14	Versailles ,	Paris.
L. Soufre ,	41	7	S. M. Lamien.	Limoges.
P. Marin ,	37	8	N. D. laPetite,	Poitiers.
J. P. Lesk ,	43	8	La pte. Pierre,	Strasbourg.
D. Métivier ,	39	6	S. Sauveur ,	Larochelle.
A. Liégeois ,	32	6	Choufy ,	Blois.
M. Derville ,	40	6	S. Michel ,	Limoges.
S. Mouchon ,	30	7	Derrudi ,	Oleron.
J. Darchau ,	28	7	Beraut ,	Oleron.
F. Bernard ,	35	7	Nessonçourt ,	Toul.
A. Tamiset ,	43	7	Gonteaux ,	Agen.
J. Bouquet ,	27	7	Craye ,	Die.

Noms & surnoms.	âge.	durée de l'esclav.	Patrie.	Diocèse.
H. Aubert,	38 ans	7 ans	Né au régiment de Belzunce.	
E. Landerau,	34	6	S. Jean,	Troyes.
P. Amiot,	41	8	S. Mis,	Blois.
J. J. Mars,	33	6	Doumblaie,	Die.
P. Hurtaud,	32	7	Chailli,	Luçon.
A. Micalet,	29	6	Laffel,	Auxerre.
L. Pion,	29	7	S. Euftache,	Paris.
P. Reont,	32	6	Ganties,	Comming.
P. Langeyin,	40	7	Donlou,	Rennes.
A. Maréchal,	36	7	S. Nicolas,	Nancy,
J. Voifin,	30	6	Villeneuve,	Châlonsf.S.
J. Odoly,	36	7	d'Entrevaux,	Glandeve.
C. J. Tourneur,	29	7	S. Sulpice,	Paris.
A. Belin,	29	8	Vezet,	Befançon.
J. Ravel,	47	8	Tarafcon,	Avignon.
P. Quélin,	47	7	S. G. en Laye,	Paris.
J. Delpech,	31	6	Sefon,	Cahors.
F. Damoufeau,	30	6	Auxone,	Befançon.
F. Dumont,	32	6	Mafgrenier,	Toulouse.
E. Fourni,	33	6	N. D. de Calvi,	Corfe.
B. D. Dolbruofe,	30	6	S. Léger,	Angoulem.
P. Jacodé,	33	6	Bergerac,	Périgueux.
C. Tiffier,	34	6	Erici,	Sens.
M. Clofel,	29	6	Conac,	Limoges.
S. Delero,	43	11	S. Marcel,	Perpignan.
J. B. Raimbaud,	29	7	S. André.	Bordeaux.
C. Barbery,	30	6	Courdemanche	Mans.
P. Lacroix,	25	4	De la Ronce,	Oleron.
V. Quantin,	40	5	S. Firmin,	Amiens.
J. L. Cavalier,	35	5	Verdun,	Toulouse.
B. Relave,	33	5	Four en Foreft,	Lyon.
A. F. Sanier,	27	6	S. Sulpice,	Paris.
P. Baillou,	34	7	S. Nizier,	Lyon.
L. Duprefia,	43	6	Méronet,	Limoges.
B. G. Daudella,	29	5	Jumet,	Comming.
G. Brichard,	38	6	Menal,	Befançon.
J. B. Bourjeau,	40	10	Mag. S. Medard	Dijon.
F. Bonnera,	50	9	S. P. Dalba,	Grenoble.
J. F. Colombe,	30	7	Laon en Daube	Lyon.
J. Février,	30	3	Niort,	Poitiers.
J. F. Genet,	36	4	Rocheblanche,	Clerm. A.d.

Nôms & furnoms.	âge.	durée de l'esclav.	Patrie.	Diocèse.
J. Yeri,	52 ans 8		Ronquefizade,	Mirepoix.
J. Sage,	34	4	Lambeck,	Die.
A. Voiſin,	40	10	Ceret,	Perpignan.
J. Chouard,	50	9	S. J. de Muſel,	Châlonſ S.
P. Buiſſon,	28	3	S. Farger,	Beſançon.
A. Dutru,	30	6	S. J. deBournet,	Vienne.
J. B. Niclot,	33	8	Montmedi,	Treves.
L. le Preu,	35	3	Melcey,	Châ.-ſur-S.
M. Drie,	34	3	S. G. de Viteſ.	Metz.
C. J. Lepage,	36	2	Qu. la Baſſé,	Arras
P. F. Pt. Bréquet,	37	3	Lille en Flan.,	Tournay.
M. de Lacr. Dav.,	23	3	Châtellerault.	Poitiers.
J. V. Gaillardon,	26	5	S. P. de	Bayonne.
Et. Viteu,	43	1	Barontoneel,	Laon.
N. Sauvé,	29	1	Cardonnet,	Amiens.
P. Vincent,	33	1	S. Germain,	Rennes.
J. Tardivet,	27	4 m.	S. Siméon,	Vienne.
J. Touſſet,	24	6	Deſtaden,	Comming.
J. Hartus,	29	6	Vinſac,	Perpignan.
Ber. Jouſſoux,	24	1 an.	S. Chignan	S. Pons.
F. Siflet,	25	7 m.	Rogean,	Amiens.
Denis Remis,	29	5	S. Sulpice,	Paris.
J. Varin,	31	5	Marmande	Bazas.
V. Martel,	31	6	Monſeni,	Autun.
P. de Latero,	24	8	Donzac,	Dax.
An. Allard,	32	15 an.	Seillon,	Aix.
Cl. Molot,	37	7 an.	S. Jean,	Troyes.
P. Vebbert,	43	7	Minfeld,	Spayard'Al.
G. Valette,	32	7 m.	Marquich.	Perpignan.
C. Delcros,	40	1 an.	S. Marcel.	Perpignan.
B. Michel,	35	2 m.	Argeles,	Perpignan.
J. Dupuy,	42	7 an.	Fongeres,	S. Flour.
P. Delor,	31	3	S. Seuvrin,	Bordeaux.
F. B. Martinet,	39	2	Boncougnan.	Ajacio enC.
S. Bauſlange,	23	1	Volors,	Clerm. Auv.
F. Peyre,	27	6 m.	S. Paul.	Narbonne.
J. Conſcience,	32	4	S. P. Lagrande,	Verdun.
J. Legrand,	24	4	Aubuiſſon,	Limoges.
Cl. Violet,	27	7	de Vaſſau.	Viviers.
G. Toulouſe,	22	6	S. P. de Madere,	Auch.
M. Goudard,	39	5	de Fougeres,	Rennes.

Noms & surnoms.	Age.	durée de l'esclav.	Patrie.	Diocèse.
P. Charrosse	30 ans	3 m.	de Monteich,	Montaub.
Et. Verdier,	29	3	S. Remi. —	Bordeaux.
An. Cheneitre,	24	6	Chatenoy,	Strasbourg.
N. Ouques,	30	5	Moa,	Aneci.
A. Petit	36	3	Anteville,	Agen.
F. Michau,	29	4	Moa,	Anneci.
F. Hippolythe	35	13	Niort,	Poitiers.
P. Carcan,	43	12	S. M. Aular.	S. Omer.
A. Desgranges,	56	12	Rané,	Rennes.
J. B. Neqer,	54	11	Béfort,	Bezançon
J. Duras,	45	11	Ste. Marie,	Perpignan.
J. Renaud,	30	7	S. Gaudons,	Comminges
Et. Equenard,	50	9	de Payard,	Amiens.
T. Dauplaix,	60	12	Vuoinville,	Verdun.
F. Vautier,	32	11	Saussur,	Metz.
J. Pinot,	49	11	S. Julien,	Usez.

Nota. *Tous ces particuliers au nombre de* 254 *appartenoient au Dey; les suivans à ses sujets.*

Noms & surnoms.	Age.	durée de l'esclav.	Patrie.	Diocèse.
P. Gervais,	34 ans	4 ans	Amboise,	Tours.
P. Huguet,	31	5	De Larré,	Boulogne.
A. Labadie,	21	9 m.	Gantiers,	Comming.
J. Tissandier,	44	4 an.	Plau,	Clerm. Au.
D. Meivier,	26	2	Bagnieres,	Tarbes.
J. Petit,	24	3 m.	Fraichinet,	Mirepoix.
F. Grenier,	35	4 an.	Marle,	Laon.
G. Lamoureux,	27	10 m.	S. Martori,	Comming.
J. Bouché,	23	9 an.	Aurigni le R.	Séez,
M. Estébe,	45	6	Sarralongue,	Perpignan.
C. Menin,	35	6	S. Liviot,	Metz.
P. Poussi,	22	10 m.	De Cette,	Oleron,
L. F. D Bonnet,	28	5 an.	S. M. S. Renelle,	Rouen.
N. Lafaye,	22	2 m.	S. Eutrope.	Xaintes,
L. P. Clément,	22	4	S. Roch,	Paris.
P. Vigoureux,	24	1 an.	Heurs,	Pamiers,
*** le Gay,	10	11	Ramberville,	Toul.
A. Loutre,	33	3	Rosy,	Meaux.
H. J. Barthelemi,	28	2	S. Simplice,	Metz.

Noms & surnoms.	âge.	durée de l'esclav.	Patrie.	Diocèse.
A. Cisterne,	34ans 3 m.		Plau ,	Clerm. Au.
R. Connor,	27	5	Thierre ,	Clerm. Au.
L. Maurice ,	29	2ans.	Magdeleine ,	Béziers.
J. Thourry ,	40	4	S. Maurice ,	Angers.
J. Lovero ,	60	30	Pavie ,	Auch.
D. Colas ,	24	21 m.	Ste. Magdel.	Béziers.
P. J. Evar ,	23	11	Tance ,	Pui en Vel.
B. Mauriez ,	34	4	Pontcharra ,	Grenoble.
J. Depelize ,	36	17ans.	Ste. Croix ,	Oleron.
J. C. Llandre ,	40	6	Viserons ,	Vienne.
F. Cousin ,	41	6	Bonneville ,	Rouen.
F. Maravelle.	25	6	La Dorade ,	Cahors.
S. Roger ,	26	6	Poissy ,	Langres.
J. B. Soriac ,	28	5a. 6m	Morlain ,	Lombez.
J. Dufour ,	24	5	Vicfeserenzac ,	Auch.
B. Pasteur ,	19	4	Montgayole ,	Oleron.
F. J. Lughan ,	37	9ans.	Bouillon ,	Rheims.
F. Barro.	33	13	S. George ,	Clerm. Au.
J. B. Cornet ,	30	1	Veaux ,	Amiens.
P. J. Devenin ,	37	3	Roubet ,	Tournai.
C. S. Sauvage ,	30	3	Peronne ,	Noyon.
E. de Heims ,	20	4 m.	Asseparre ,	Bayonne.
L. Denclas ,	26	5ans.	Baqnière ,	Tarbes.
J. B. Eruic ,	54	4	Belloy ,	Amiens.
J. Baron ,	29	6 m.	Bortré ,	Comming.
F. J. Cagneux ,	38	9ans.	Lidressel ,	Cassel.
P. D. Putel ,	27	6	S. J. de Dieppe ,	Rouen.
F. Constantin ,	31	3	S. Germain ,	Mans.
N. Dubois , .	51	5	S. Sulpice ,	Paris.
N. Plantin ,	26	5	Bouillon ,	Rheims.
G. Pujet ,	40	6	Montfrémi ,	Clerm. Au.
J. L. Auder.	30	6	Chalais ,	Anneci.
J. Maurice ,	41	3	Melun ,	Sens.
G. Tabar ,	35	8	Champagné .	Besançon.
J. Jean ,	32	4	N. D. de Laurt,	S. Flour.
A. Cardon ,	34	6	Templeuve ,	Lille.
J. B. Perrin ,	27	6	Seyne ,	Toulon.
P. Raguet ,	45	17a. 6m	Salins ,	Besançon.
P. Dutemps ,		8	S. Nizier ,	Lyon.
J. Berard ,	56	2a. 6m	La Chap. d. Bar,	Grenoble.
F. Contenon ,		5 m.	S. Sulpice ,	Paris.
I. Gervais ,	40	6 m.	Mantois ,	Lyon.